教科書 要点

ズバっ

ニューホライズン

英単語・英熟語

1年

東京書籍

はじめに

この本は，東京書籍版教科書『NEW HORIZON English Course 1』に出てくる単語・熟語を，しっかり身につけるために作られているよ。

教科書本文や「New Words」「小学校の単語」などが，ほぼ教科書に出てきたとおりの順番にならべてあるので，順を追って確認できる。特に重要な語は太字になっているよ。付属の暗記フィルターを使って，効率よく学習しよう！

きみにあった使い方を見つけて，『NEW HORIZON English Course 1』のすべての単語・熟語を「ズバっ」と自分のものにしてしまおう。

本書の基本構成

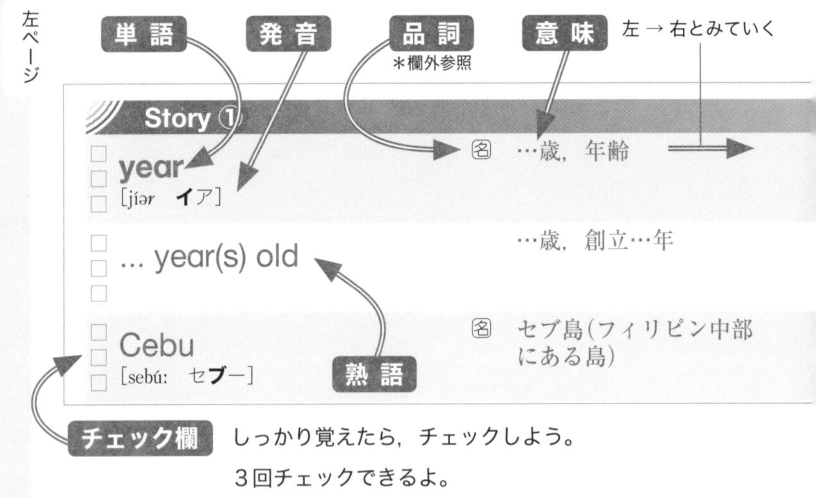

＊例文のないものはページの左右にかかわらず，単語・発音・品詞・意味のみのせています。

【動作環境】

・インターネットに接続されていること。
　＊インターネット接続に伴う通信費は利用者のご負担となります。
・Android 5.1以降 ＋ Google Chrome ／ iOS9 以降 ＋ Safari ／ iPadOS ＋ Safari
　＊「QRコード」は(株)デンソーウェーブの登録商標です。
　＊「Android」は，Google LLC の商標です。
　＊「iOS」「iPadOS」は，Apple Inc. の商標です。

★暗記フィルターの使い方

赤色で印刷された部分に，付属の暗記フィルターをのせると，文字が見えなくなるよ。覚えたい部分をかくして，どんどん暗記していこう！

★コラムでちょっとひと息

「豆マメ知識」「年中行事」「会話のヒント」「こ・と・わ・ざ」に関連した, ちょっと知っていると得する，おもしろコラムでひと息入れて，気分をリフレッシュしよう。

右ページ

例文の日本語訳

教科書ページ

教科書p.59

□□□ **old** [óuld **オ**ウるド]　形　…歳の，(作られてから)…年[月]になる

▶ I'm eleven **years old.**
私は11歳です。

▷ He really likes **Cebu.**
彼はセブ島が本当に好きです。

例文　原則として，１つの単語や熟語に１つの例文をのせているよ。

▷　教科書に出てきた文，教科書に出てきた文とほぼ同じ文

▶　その単語・熟語を使った例文

★QRコードを使った音声学習について

【使い方】

・スマートフォンなどで右のＱＲコードを読み取ります。
・教科書で取り上げている各単元の「New Words」「小学校の単語」の音声を聞くことができます。
・音声の順番は本書の順番と異なる場合があります。

もくじ

＊教科書に合わせた単元番号を入れていますが，一部，取り扱いのない項目もあります。

Stage 1

Stage 2

コラム

豆マメ知識

Stage 3

年中行事

会話のヒント

こ・と・わ・ざ

Unit 0 Welcome to Junior High School

Part 1 それぞれの場面の活動をしよう

welcome
[wélkəm **ウェ**るカム]
間 ようこそ，いらっしゃい

junior
[dʒúːnjə*r* **チュ**ーニャ]
形 年下の，下級の

school
[skúːl ス**ク**ーる]
名 学校

hi
[hái **ハ**イ]
間 やあ，こんにちは

am
[ǽm **あ**ム；(弱く言うとき)m ム]
動 …です，…だ

I'm
[áim **ア**イム]
= I am

nice
[náis **ナ**イス]
形 すてきな，よい

you
[júː **ユ**ー；(弱く言うとき)ju ユ]
代 あなた(たち)を[に]

what
[*h*wάt (ホ)**ワ**ット]
代形 何(の)

your
[júə*r* **ユ**ア]
代 あなた(たち)の

what's
[*h*wάts (ホ)**ワ**ッツ]
= what is

教科書p.4 ～ p.5

to [tú: **トゥ**ー；(弱く言うとき)(子音の前で)tə タ；(母音の前で)tu トゥ]
前 **【方向・到達】**…へ[に]，…のほうへ[に]

high [hái **ハ**イ]
形 高い

junior high school
中学校

I [ái **ア**イ]
代 私は[が]

▷ Hi. **I'm** Asada Shota.
こんにちは。私はアサダショウタです。

meet [mí:t **ミ**ート]
動 …と知り合いになる

Nice to meet you.
はじめまして。

is [íz **イ**ズ；(弱く言うとき) s ス，z ズ，iz イズ]
動 …です

name [néim **ネ**イム]
名 名前

▷ **What's** your name? − My name is Sato Kana.
名前は何ですか。ーサトウカナです。

□□□ **my**	[mái　**マ**イ]	代　私の
□□□ **too**	[tú:　**トゥ**ー]	副　…もまた，そのうえ
□□□ **make**	[méik　**メ**イク]	動　…を作る，得る
□□□ **group(s)**	[grú:p　グ**ル**ープ]	名　グループ，団体
□□□ **four**	[fɔ́:*r*　**ふォ**ーア]	名形　4(つの)
□□□ **do**	[dú:　**ドゥ**ー，də　ダ]	助　[疑問文や応答を作る]
□□□ **like**	[láik　**ら**イク]	動　…を好む，…が好きである
□□□ **what**	[*h*wát　(ホ)**ワ**ット]	形　何の，どんな
□□□ **curry**	[kə́:ri　**カ**～リ]	名　カレー(料理)
□□□ **rice**	[ráis　**ラ**イス]	名　米，稲，ご飯
□□□ **want**	[wánt　**ワ**ント]	動　…がほしい
□□□ want to		…したい

▷ Nice to meet you, **too.**
こちらこそ，はじめまして。

▷ **Make** groups of four.
４人のグループを作りなさい。

□□□ **of** [ʌ́v **ア**ヴ；(弱く言うとき)əv アヴ]
前 **【材料・要素】** …で(作った)，…から(成る)

□□□ **food** [fúːd **ふ**ード]
名 食べ物

□□□ **you** [júː **ユ**ー；(弱く言うとき)ju ユ]
代 あなた(たち)は[が]

▶ I **like** soccer.
私はサッカーが好きです。

▷ **What** food do you like?
どんな食べ物が好きですか。

□□□ **and** [ǽnd **あ**ンド；(弱く言うとき)ənd アン(ド)]
接 …と～

▶ I **want** French fries.
私はフライドポテトがほしいです。

▷ I **want to** join the dance team.
私はダンスチームに加わりたいです。

join	[dʒɔ́in **ヂョ**イン]	動	…に加わる，参加する
dance	[dǽns **ダぁ**ンス]	名	ダンス，おどり
can	[kǽn **キぁ**ン；(弱く言うとき)kən カン]	助	【能力・可能】…することができる
well	[wél **ウェ**る]	副	じょうずに
art	[ɑ́ːrt **ア**ート]	名	芸術，美術
painting	[péintiŋ **ペ**インティング]	名	絵をかくこと
a	[ə ア；(強く言うとき)éi **エ**イ]	冠	1つの，1人の[数えられる名詞の前に置く。ふつう訳さない]
good	[gúd **グ**ッド]	形	じょうずな，うまい
tennis	[ténis **テ**ニス]	名	テニス
he's	[híːz **ヒ**ーズ]		= he is
she	[ʃíː **シ**ー]	代	彼女は[が]
fast	[fǽst **ふぁ**スト]	副形	速く[速い]

□□□ **the**
[(子音の前で)ðə　ざ，(母音の前で)ði ずィ；(強く言うとき)ðíː　**ずィ**ー]

冠　[状況や文脈から何をさすかわかる場合]その

□□□ **team**
[tíːm　**ティ**ーム]

名　チーム，組

□□□ **dance**
[dǽns　**ダぁ**ンス]

動　おどる，ダンスをする

▷ I can dance **well.**
私はじょうずにダンスをすることができます。

□□□ **club**
[klʌ́b　ク**ら**ブ]

名　クラブ，部

□□□ **he**
[híː　**ヒ**ー]

代　彼は[が]

▶ I'm a **good** figure skater.
私はじょうずなフィギュアスケート選手です。

□□□ **player**
[pléiə*r*　プ**れ**イア]

名　競技者，選手

▷ **He's** a good tennis player.
彼はじょうずなテニス選手です。

□□□ **run**
[rʌ́n　**ラ**ン]

動　走る，運行している

▷ She can run **fast.**
彼女は速く走ることができます。

we
[wíː **ウィ**ー]
代 私たちは[が]

room
[rúːm **ル**ーム]
名 部屋

have
[hǽv **ハぁ**ヴ]
動 …を持っている，…がある，…がいる

Part 2 英語の音と文字

apple
[ǽpl **あ**プる]
名 リンゴ

ball
[bɔ́ːl **ボ**ーる]
名 ボール，球

city
[síti **スィ**ティ]
名 市，都市，都会

egg
[ég **エ**ッグ]
名 卵

fish
[fíʃ **ふィ**ッシ]
名 魚[複数形もfish]

gym
[dʒím **ヂ**ム]
名 体育館

ink
[íŋk **イ**ンク]
名 インク

jet
[dʒét **ヂェ**ット]
名 ジェット機

□ **music**　名 音楽
□ [mjúːzik　**ミュ**ーズィック]
□

▷ We **have** a nice music room.
私たちはよい音楽室を持っています。

教科書p.6～p.8

□ **apron**　名 エプロン，前かけ
□ [éiprən　**エ**イプロン]
□

□ **cap**　名 (ふちがないか，ひさしのついた)帽子
□ [kǽp　**キあ**ップ]
□

□ **desk**　名 机
□ [désk　**デ**スク]
□

□ **evening**　名 夕方，晩[ふつう日没から寝る時刻までをさす]
□ [íːvniŋ　**イ**ーヴニング]
□

□ **guitar**　名 ギター
□ [ɡitɑ́ːr　ギ**タ**ー]
□

□ **hat**　名 (ふちのある)帽子
□ [hǽt　**ハあ**ット]
□

□ **ice**　名 氷
□ [áis　**ア**イス]
□

□ **king**　名 王，国王
□ [kíŋ　**キ**ング]
□

lion [láiən **ら**イアン]	名	ライオン
nurse [nə́:rs **ナ**～ス]	名	看護師
OK [òukéi オウ**ケ**イ, óukèi **オ**ウケイ]	間	よろしい，はい，わかった，それでは
piano [piǽnou ピ**あ**ノウ]	名	ピアノ
rabbit [rǽbit **ラぁ**ビット]	名	ウサギ
temple [témpl **テ**ンプる]	名	寺
unicycle [jú:nəsàikl **ユ**ーニサイクる]	名	一輪車
window [wíndou **ウィ**ンドウ]	名	窓
yellow [jélou **イェ**ろウ]	名形	黄色(い)
cheese [tʃí:z **チ**ーズ]	名	チーズ
ship [ʃíp **シ**ップ]	名	船
mother [mʌ́ðər **マ**ざ]	名	母，お母さん

mouse
[máus **マ**ウス]
名 ネズミ，ハツカネズミ

omelet
[ámlit **ア**ムれット]
名 オムレツ

▶ I'm **OK.**
大丈夫です。

queen
[kwí:n ク**ウィ**ーン]
名 女王，王妃

salad
[sǽləd **サぁ**らド]
名 サラダ

umbrella
[ʌmbrélə アンブ**レ**ら]
名 傘

vegetable
[védʒətəbl **ヴェ**ヂタブる]
名 野菜

box
[báks **バ**ックス]
名 箱

zoo
[zú: **ズ**ー]
名 動物園

elephant
[éləfənt **エ**れふァント]
名 ゾウ

bath
[bǽθ **バぁ**す]
名 入浴

whale
[*h*wéil (ホ)**ウェ**イる]
名 クジラ

☐☐☐ **clock** [klák　ク**ら**ック]　㊔　(置き[かけ])時計

☐☐☐ **sing** [síŋ　**スィ**ング]　㊍　(…を)歌う

豆マメ知識　10月は「8番めの月」!?

日本では,1年の月を「1月」「2月」「3月」…と呼んでいるよね。でも,昔,太陰暦《たいいんれき》を使っていたころは,「睦月《むつき》」「如月《きさらぎ》」「弥生《やよい》」…と呼んでいたんだ。英語では,January, February, March, ...で,今の日本のように〈数字＋月〉ではないみたいだね。この英語の月名の由来は,古代ローマ時代にまでさかのぼるんだって。

前半の1月～6月の月名は,それぞれの月にちなんだ神の名前などからきている。たとえば,3月(March)ならローマ神話の軍神Mars[**マ**ーズ](マルス)というようにね。

後半の月のうち,9月～12月には,実は「…番めの月」という意味の名前がついているんだ。ところが,September(9月)のseptは「7」を表し,October(10月)のoctoは「8」を表しているよ。なんで2か月ずれているんだろう?　ちなみに,海にいる「たこ」はoctopus。これは「8つの足」という意味だよ。

それはちょっと複雑なんだけど,こういうわけなんだ。ローマの最古の暦では,1年は10か月(304日)で,現在の3月にあたる月「マルチウス」からはじまって,12月にあたる月「デケンベル」で終わっていた。だけど地球の公転からすると,この暦だと種まきや収穫の季節にずれが生じてしまう。それを修正するために,12月にあたる月のうしろに1月と2月にあたる月が2か月分加えられた。こうして,今のように1年が12か月になったんだ。

そののち,古代ローマの将軍ユリウス・カエサルが権力を握った

▶ I can sing **well.**

私はじょうずに歌うことができます。

とき，それまでの暦を改正して，最後の2つの月を1年の最初に移動した。それで，1年がまだ10か月だったときに「5番めの月」〜「10番めの月」と名づけられた月が，今の7月〜12月のところにきたというわけ。さらに，カエサルが7月生まれだったので，7月は彼の名前をとって「ユリウス(Julius)」と改名された。また，彼のあとを継いで初代ローマ皇帝となった養子のアウグストゥスが8月生まれだったので，8月も「アウグストゥス(Augustus)」と改名されたんだ。

こうして，今の9月〜12月には，2か月ずれた「…番めの月」という名前がついたままになっているというわけなんだ。

Unit 1 New School, New Friends

扉

new
[njúː ニュー]
形 新しい，新任の

friend(s)
[frénd ふレンド]
名 友達

Part 1 自分について伝えよう

are
[ɑ́ːr アー；(弱く言うとき)ər ア]
動 …です，…だ

fine
[fáin ふァイン]
形 (人が)元気な

great
[gréit グレイト]
形 すばらしい，とても楽しい

hungry
[hʌ́ŋgri ハングリ]
形 空腹の，飢えた

tea
[tíː ティー]
名 茶，紅茶

hello
[helóu へろウ，hélou へろウ]
間 やあ，こんにちは

Margaret
[mɑ́ːrgərit マーガリット]
名 マーガレット[女性名]

I'm
[áim アイム]
= I am

教科書p.10～p.11

▶ He's a **new** friend.
彼は新しい友達です。

教科書p.12～p.13

□□□ **how**
[háu　**ハ**ウ]
副　どんなようす[ぐあい]で

▷ I'm **fine.**
私は元気です。

▷ I'm **great!**
私は絶好調です。

▶ I'm **hungry.**
私は空腹です。

□□□ **about**
[əbáut　ア**バ**ウト]
前　…について，…に関する

□□□ **everyone**
[évriwʌ̀n　**エ**ヴリワン]
代　みなさん，みんな，だれでも

□□□ **Brown**
[bráun　ブ**ラ**ウン]
名　ブラウン[姓]

▶ **I'm** Ishii Taro.
私はイシイタロウです。

call [kɔ́:l **コ**ーる]	[動] …を(～と)呼ぶ，名づける
Meg [még **メ**グ]	[名] メグ[女性名]
Call me ...	私を…と呼んでください。
from [frám ふ**ラ**ム；(弱く言うとき)frəm ふラム]	[前] 【起源・出所】…出身の，…から，…に由来する
Australia [ɔ:stréiljə オーストゥ**レ**イりャ]	[名] オーストラリア[国名]
twelve [twélv トゥ**ウェ**るヴ]	[名][形] 12(の)
Japanese [dʒæ̀pəní:z ヂぁパ**ニ**ーズ]	[形] 日本の，日本人の，日本語の
love [lʌ́v **ら**ヴ]	[動] …が大好きである
often [ɔ́:fn **オ**ーふン，ɔ́:ftn **オ**ーふトゥン]	[副] しばしば，よく
drink [dríŋk ドゥ**リ**ンク]	[動] …を飲む
green [grí:n グ**リ**ーン]	[名][形] 緑(の)

□
□ **me** ㋹ 私を[に]
□ [mí: **ミ**ー]

▷ I'm Margaret Brown. **Call me** Meg.
私はマーガレット・ブラウンです。メグと呼んでください。

▷ I'm from **Australia.**
私はオーストラリア出身です。

▷ I like **Japanese** food.
私は日本の食べ物が好きです。

▷ I **love** sushi.
私はすしが大好きです。

▶ We **often** play table tennis.
私たちはよく卓球をします。

▷ I often **drink** green tea, too.
私はよく緑茶も飲みます。

□
□ **green tea** ㊔ 緑茶
□ [grí:n tí: グ**リ**ーン **ティ**ー]

Part 2　相手についてたずねたり答えたりしよう

□□□	**do** [dú　**ドゥ**ー, də　ダ]	助　[否定文や否定の命令文を作る]
□□□	**yes** [jés　**イェ**ス]	副　はい，ええ，そうです
□□□	**baseball** [béisbɔ̀ːl　**ベ**イスボーる]	名　野球
□□□	**don’t** [dóunt　**ド**ウント]	= do not
□□□	**tennis** [ténis　**テ**ニス]	名　テニス
□□□	**Sydney** [sídni　**スィ**ドゥニ]	名　シドニー
□□□	**rugby** [rʌ́gbi　**ラ**グビ]	名　ラグビー
□□□	**fan** [fǽn　**ふぁ**ン]	名　ファン
□□□	**so** [sóu　**ソ**ウ]	接　だから，それで，では
□□□	**cricket** [kríkit　ク**リ**ケット]	名　クリケット
□□□	**no** [nóu　**ノ**ウ]	副　いいえ，いや，だめだ

教科書p.14 ～ p.15

soccer

[sákər **サ**カ]

㊔ サッカー

▷ Do you like soccer? − **Yes**, I do.

サッカーは好きですか。－はい，好きです。

▷ Do you like baseball? − No, I **don't**.

あなたは野球が好きですか。－いいえ，好きではありません。

basketball

[bǽskitbɔ̀ːl **バあ**スケットボーる]

㊔ バスケットボール

▷ Are you from **Sydney**? − Yes, I am.

あなたはシドニー出身ですか。－はい，そうです。

▶ I'm a soccer **fan**.

私はサッカーファンです。

▷ **So**, are you a rugby fan?

では，あなたはラグビーファンですか。

▶ I am a **cricket** player.

私はクリケット選手です。

□□□ **not**
[nát **ナ**ット]
副 …でない，…しない，…ではなく

□□□ **play**
[pléi プ**れ**イ]
動 (競技・ゲームなどを)する，(曲・楽器などを)演奏する

□□□ **it**
[ít **イ**ット]
代 それを[に，が，は]

□□□ **watch**
[wátʃ **ワ**ッチ]
動 …を(注意して)見る

□□□ **just**
[dʒʌ́st **ヂャ**スト；(弱く言うとき)dʒəst ヂャスト]
副 ただ…だけ，ほんの，ちょっと

□□□ How about …?
[意見を求めて]…についてはどうですか。

Part 3 できることをたずねたり伝えたりしよう

□□□ **cook**
[kúk **ク**ック]
動 …を料理する

□□□ ski
[skíː ス**キ**ー]
動 スキーをする

□□□ **swim**
[swím ス**ウィ**ム]
動 泳ぐ

□□□ badminton
[bǽdmintən **バぁ**ドミントン]
名 バドミントン

□□□ **me**
[míː **ミ**ー]
代 [相手の言ったことを受けてIのかわりに]私

▷ No, I'm **not**. I'm a cricket fan.
いいえ，ちがいます。私はクリケットファンです。

▶ Do you **play** tennis? − No, I do not.
テニスをしますか。ーいいえ，しません。

▶ I **watch** basketball.
私はバスケットボールを見ます。

▶ I do not play baseball. I **just** watch it.
私は野球はしません。ただ見るだけです。

▷ **How about** soccer?
サッカーについてはどうですか。

教科書p.16 ～ p.17

▷ Can you **cook** curry? − Yes, I can.
カレーは作れますか。ーはい，作れます。

▶ Do you **ski**? − Yes, I do.
スキーをしますか。ーはい，します。

▶ Can you **swim**? − Yes, I can.
泳げますか。ーはい，泳げます。

□□□ **good** [gúd **グ**ッド]
間 よかった，よろしい

単語	発音	品詞	意味
Me, too.			私も。
well	[wél **ウェ**る]	間	[話を切り出したり，再び始めたりして]さて，ところで，それでは
see	[síː **スィ**ー]	動	…が見える，…を見る，見物する
we	[wíː **ウィ**ー]	代	人は，われわれはみな[自分を含めた人々をさす。日本語に訳さない場合が多い]
there	[ðéər **ゼ**ア；(弱く言うとき)ðər ざ]	副	そこに[で，へ]
cannot	[kǽnɑt **キぁ**ナット]	助	…できない
you're	[júər **ユ**ア]		= you are
thank	[θǽŋk **さぁ**ンク]	動	…に感謝する
Thank you.			ありがとう。
oh	[óu **オ**ウ]	間	まあ，あら，ああ，おや
Japanese	[dʒæ̀pəníːz チぁパ**ニ**ーズ]	名	日本語，日本人
speak	[spíːk ス**ピ**ーク]	動	(ある言語を)話す

▶ I play the piano. – **Me, too.**
私はピアノを演奏します。―私も。

▷ Well, can you **see** the gym? – Yes, I can.
ところで，体育館が見えますか。―はい，見えます。

▷ We can play badminton **there.**
そこでバドミントンができます。

▶ I **cannot** swim well.
私はじょうずに泳げません。

▷ **You're** a good player.
あなたはよい選手です。

▶ **Thank you,** Saki.
ありがとう，サキ。

▶ I study **Japanese.**
私は日本語を勉強します。

▷ Oh, you **speak** Japanese.
まあ，あなたは日本語を話すのですね。

little	[lítl りトゥる]	副	→a little
a little			少し
study	[stʌ́di スタディ]	動	(…を)勉強する，研究する
every	[évri エヴリ]	形	毎…，…ごとに
day	[déi デイ]	名	日，1日
every day			毎日
but	[bʌ́t バット；(弱く言うとき)bət バット]	接	しかし，けれども
read	[ríːd リード]	動	(…を)読む，読んで知る
can’t	[kǽnt キあント]		= cannot

会話のヒント　ジェスチャーで「ばっちり」

「オーケー」って言うとき，きみはどんなジェスチャーをする？ 親指と人さし指でOの字をつくる？　それもいいけど，英米人の会話の中でよく使われるのは，ちょっとちがうんだ。

親指だけを上に立てて，ほかの指は軽くグーにする形。相手への同意を表すほか，「やったね」「ばっちり」「いいぞ」なんて意味も表せ

▶ Are you tired? — Yes, just **a little.**
疲れていますか。—はい，ほんの少し。

▶ I **study** math.
私は数学を勉強しています。

▶ I play *shogi* **every** night.
私は毎晩将棋をします。

▷ I study Japanese **every day.**
私は毎日日本語を勉強します。

▶ I don't play the piano, **but** I play the guitar.
私はピアノを弾きません，しかしギターを弾きます。

▶ I **read** the newspaper every morning.
私は毎朝新聞を読みます。

▷ I **can't** read kanji.
私は漢字が読めません。

るよ。反対に，「だめだ」と言うときは，その手の形を上下逆さにすればいい。

　ジェスチャーを使えば，声に出さなくても，「いい」のか「悪い」のか，感情をこめて伝えることだってできるよ。ただし，顔の表情もつけてね。

Unit 2 Our New Teacher

扉

- **our** [áuər **ア**ウア]
  (代) 私たちの

Part 1 身近な人やものを紹介しよう

- **this** [ðís **ずィ**ス]
  (代) これ, この人[もの, こと]
- **Ms.** [míz **ミ**ズ]
  (名) [女性をさして]…さん, 先生
- Cook [kúk **ク**ック]
  (名) クック[姓]
- **class** [klǽs ク**らぁ**ス]
  (名) 学級, 組, クラス
- he's [hí:z **ヒ**ーズ]
  = he is
- America [əmérikə ア**メ**リカ]
  (名) アメリカ合衆国[正式名称はthe United States of America][国名]
- **English** [íŋgliʃ **イ**ングリッシ]
  (名)(形) 英語(の)
- she's [ʃí:z **シ**ーズ]
  = she is
- Nice to meet you.
  はじめまして。

教科書p.19

□□□ **teacher** [tíːtʃər **ティ**ーチャ]
名 先生，教師

教科書p.20 ~ p.21

□□□ **classmate** [klǽsmèit ク**らぁ**スメイト]
名 同級生

□□□ **Mr.** [místər **ミ**スタ]
名 [男性をさして]…さん，先生

□□□ **in** [ín **イ**ン]
前 【場所・位置】…の中に[の，で]

▷ He's in Class 1B.
彼は1年B組です。

▷ She's from **America**.
彼女はアメリカ合衆国出身です。

▷ **She's** our new English **teacher**.
彼女は私たちの新しい英語の先生です。

▷ Hello, Ms. Cook. **Nice to meet you.**
こんにちは，クック先生。はじめまして。

that	[ðǽt **ざぁ**ット；(弱く言うとき)ðət ざト]	代	あれ，それ，あの[その]人[もの，こと]
it	[ít **イ**ット]	代	それは[が]
market	[mɑ́ːrkit **マ**ーケット]	名	市場
it's	[íts **イ**ッツ]		= it is
wow	[wáu **ワ**ウ]	間	うわあ，わあ
the	[(子音の前で)ðə ざ，(母音の前で)ði ずィ；(強く言うとき)ðíː **ずィ**ー]	冠	[一度述べた名詞をくり返す場合]その，この，あの，例の
popular	[pɑ́pjələr **パ**ピュら]	形	人気のある
always	[ɔ́ːlweiz **オ**ーるウェイズ]	副	いつも，常に
very	[véri **ヴェ**リ]	副	非常に，とても，[否定文で]あまり(…でない)
crowded	[kráudid ク**ラ**ウディッド]	形	こみ合った，満員の

Part 2 知らない人やものについてたずねよう

know	[nóu **ノ**ウ]	動	(…を)知っている，わかる

▶ It is a stapler.
それはホッチキスです。

▷ Is that a fish market? − Yes, it is.
あれは魚市場ですか。−はい，そうです。

□□□ **restaurant** 名 レストラン
[réstərənt **レ**ストラント]

▶ Wow! It's delicious.
わあ。とてもおいしいです。

▶ The soccer player is popular.
あのサッカー選手は人気があります。

▶ I always clean my room.
私はいつも部屋をきれいにします。

▶ She is very famous.
彼女はとても有名です。

▶ The bus is crowded every morning.
このバスは毎朝，こみ合っている。

教科書p.22 ～ p.23

▷ What's this? − I don't know.
これは何ですか。−知りません。

☐☐☐	**who** [hú: **フ**ー]	代	だれ，だれが
☐☐☐	**map** [mǽp **マぁ**ップ]	名	地図
☐☐☐	I see.		なるほど。わかった。
☐☐☐	**for** [fɔ́:*r* **ふォ**ーア；(弱く言うとき)fə*r* ふォ]	前	【代理・代表】…のかわりに，…に相当する
☐☐☐	symbol [símbl **スィ**ンブる]	名	シンボル，象徴，記号
☐☐☐	**picnic** [píknik **ピ**クニック]	名	ピクニック，遠足
☐☐☐	**area** [éəriə **エ**(ア)リア]	名	区域，場所，地域
☐☐☐	shrine [ʃráin シュ**ラ**イン]	名	神社
☐☐☐	**that** [ðǽt **ざぁ**ット；(弱く言うとき)ðət ざト]	代	[すでに述べた事柄をさして]そのこと，それ
☐☐☐	that's [ðǽts **ざぁ**ッツ；(弱く言うとき)ðəts ざッツ]		= that is
☐☐☐	**interesting** [íntərəstiŋ **イ**ンタレスティング]	形	おもしろい，興味深い
☐☐☐	Josh [dʒáʃ **ジ**ャシ]	名	ジョシュ[男性名]

□□□ **town** [táun **タ**ウン]
㊔ 町

□□□ **see** [sí: **スィ**ー]
㊋ (…が)わかる，理解する

▷ This is our town map. − **I see.**
これは私たちの町の地図です。−なるほど。

□□□ what's [*h*wáts (ホ)**ワ**ッツ]
= what is

▷ It's the **symbol** for "school."
それは「学校」の記号です。

▷ Oh, is this for "**picnic** *area*"?
ああ，これはピクニック場を表しているのですか。

▶ I often visit the **area**.
私はその地域をよく訪れます。

□□□ **really** [rí:əli **リ**ー(ア)り]
㊌ 本当ですか，へえ，そうなんだ

▶ **That** is very funny.
それはとてもおかしいですね。

▷ Really? That's **interesting**.
本当ですか。それはおもしろい。

who's
[húːz　**フ**ーズ]
= who is

the
[(子音の前で)ðə　ざ，(母音の前で)ði ずィ；(強く言うとき)ðíː　**ずィ**ー]
冠　[固有名詞につけて]the Philippines フィリピン

the Philippines
[ðə fíləpìːnz　ざ **ふィ**リピーンズ]
フィリピン[国名]

hey
[héi　**ヘ**イ]
間　やあ，おい，ちょっと

good
[gúd　**グ**ッド]
形　よい

morning
[mɔ́ːrniŋ　**モ**ーニング]
名　朝，午前

Good morning.
おはようございます。

Part 3　ふだんの行動についてたずねよう

favorite
[féivərit　**ふェ**イヴァリット]
形　いちばん好きな，お気に入りの

on
[ɑ́n　**ア**ン]
前　【日時】…に

math
[mǽθ　**マぁ**す]
名　数学

science
[sáiəns　**サ**イエンス]
名　科学

▷ **Who's** that? – That's Josh.
あちらはだれですか。ージョシュです。

▷ He's from **the Philippines**.
彼はフィリピン出身です。

▶ **Hey**, Asami! It's me!
やあ，アサミ。僕だよ。

▶ You are a **good** friend.
あなたはよい友達です。

□□□ **afternoon** 名 午後
[æ̀ftərnúːn　あふタ**ヌ**ーン]

▶ **Good morning**, Meg.
おはよう，メグ。

教科書p.24 ～ p.25

▷ What's your **favorite** day?
あなたのいちばん好きな曜日は何ですか。

□□□ **Monday** 名 月曜日
[mʌ́ndèi　**マ**ンデイ]

□□□ P.E. 名 体育
[píːíː　**ピ**ー**イ**ー]

□□□	**live** [lív **り**ヴ]	動	住む，住んでいる
□□□	**here** [híə*r* **ヒ**ア]	名	ここ
□□□	**around** [əráund ア**ラ**ウンド]	前	…の近くに
□□□	**how** [háu **ハ**ウ]	副	【方法・手段】どのようにして，どんなふうに
□□□	**come** [kʌ́m **カ**ム]	動	来る，(相手のところへ・相手と同方向へ)行く，巡ってくる
□□□	**by** [bái **バ**イ]	前	【手段・方法・原因】…によって
□□□	**walk** [wɔ́ːk **ウォ**ーク]	動	歩く，歩いていく[くる]
□□□	**have** [hǽv **ハぁ**ヴ]	動	…を食べる，飲む
□□□	**breakfast** [brékfəst ブ**レ**ックふァスト]	名	朝食
□□□	**toast** [tóust **ト**ウスト]	名	トースト
□□□	**usually** [júːʒuəli **ユ**ージュアり]	副	たいてい，ふつう
□□□	**fruit** [frúːt ふ**ル**ート]	名	果物，果実

▶ We **live** together.
私たちはいっしょに住んでいます。

▷ Do you live **around** here?
あなたはここの近くに住んでいるのですか。

▷ How do you **come** to school?
どのようにして学校に来ていますか。

□□□ **bike** ㊔ 自転車
[báik **バ**イク]

▷ I **walk** to school.
私は歩いて学校に来ます。

□□□ **for** ㋑ …として
[fɔ́ːr **ふォ**ーア；(弱く言うとき)fər ふォ]

▷ What do you have for breakfast? — I have **toast**.
あなたは朝食に何を食べますか。—トーストを食べます。

▶ I **usually** play tennis.
私はたいていテニスをします。

yogurt
[jóugərt　**ヨ**ウガト]
名　ヨーグルト

How about you?
あなたはどうですか。

soup
[sú:p　**ス**ープ]
名　スープ

sausage
[sɔ́:sidʒ　**ソ**ーセッヂ]
名　ソーセージ

an
[ən　アン；(強く言うとき)ǽn　**あ**ン]
冠　1つの，1人の[母音で始まる数えられる名詞の前に置く。ふつう訳さない]

sound(s)
[sáund　**サ**ウンド]
動　…に聞こえる，思える

Sounds ....
[sáundz　**サ**ウンヅ]
…そうですね。

Grammar for Communication

1 be動詞と一般動詞 ～習慣や状態を説明しよう～

bag
[bǽg　**バぁ**ッグ]
名　かばん，バッグ，ふくろ

cute
[kjú:t　**キュ**ート]
形　かわいい

cat
[kǽt　**キぁ**ット]
名　ネコ

▶ I always have **yogurt** for breakfast.
私はいつも朝食にはヨーグルトを食べます。

▶ I like tea. **How about you?**
私は紅茶が好きです。あなたはどうですか。

□□□ **also** [ɔ́:lsou **オ**ーるソウ]
副 …もまた，そのうえ

▷ I also have **an** egg and a sausage.
私は卵とソーセージも食べます。

▶ **Sounds** good.
よさそうですね。

教科書p.26 ~ p.27

□□□ **dog** [dɔ́(:)g **ド**(ー)グ]
名 イヌ

▷ I have a dog. She's so **cute**.
私はイヌを飼っています。彼女はとてもかわいいです。

Unit 3 Club Activities

扉

activity, activities 名 活動
[æktívəti アク**ティ**ヴィティ]

Part 1 いつ・どこなのかをたずねよう

where 副 どこに[で，へ]
[*h*wéə*r* (ホ)**ウェ**ア]

is 動 (…に)いる，ある
[íz **イ**ズ；(弱く言うとき)s ス，z ズ，iz イズ]

first 名形 1日，1番め(の)，最初(の)
[fə́ː*r*st **ふァ**〜スト]

second 名形 2日，2番め(の)
[sékənd **セ**カンド]

computer 名 コンピュータ
[kəmpjúːtə*r* コン**ピュ**ータ]

when 副 いつ，どんなときに
[*h*wén (ホ)**ウェ**ン]

birthday 名 誕生日
[bə́ː*r*θdèi **バ**〜すデイ]

that 形 あの，その，例の
[ðǽt **ざぁ**ット；(弱く言うとき)ðət ざト]

trumpet 名 トランペット
[trʌ́mpit トゥ**ラ**ンペット]

教科書p.29

▶ I have club **activities** every Monday.
私は毎週月曜日にクラブ活動があります。

教科書p.30 ～ p.31

▶ **Where** is your bike?
あなたの自転車はどこにありますか。

□□□ **classroom**　㊔　教室
[klǽsrùːm　ク**らぁ**スルーム]

▷ It's on the **first** floor.
それは１階にあります。

□□□ **third**　㊔㊎　３日，３番め(の)
[θə́ːrd　**さ**～ド]

□□□ **library**　㊔　図書館，図書室
[láibreri　**ら**イブレリ]

▷ **When** is your birthday? ─ It's July 3.
あなたの誕生日はいつですか。─7月３日です。

▷ What do you have in **that** bag?
そのバッグの中に何を持っていますか。

▶ Where do you play the **trumpet**?
あなたはどこでトランペットを吹きますか。

☐☐☐ **brass band**
[brǽs bǽnd　ブ**ラぁ**ス **バぁ**ンド]
名　ブラスバンド，吹奏楽団

☐☐☐ **practice**
[prǽktis　プ**ラぁ**クティス]
動　(…を)練習する

☐☐☐ **before**
[bifɔ́ːr　ビ**ふぉ**ーア]
前　…の前に[の]

☐☐☐ **next**
[nékst　**ネ**クスト]
形　次の，今度の，となりの

☐☐☐ **July**
[dʒulái　ヂュ**ら**イ]
名　7月

☐☐☐ **concert**
[kɑ́nsərt　**カ**ンサト]
名　演奏会，コンサート

☐☐☐ **fifth**
[fífθ　**ふぃ**ふす]
名形　5日，5番め(の)

☐☐☐ **at**
[ǽt　**あ**ット；(弱く言うとき)ət アット]
前　…で[に]

☐☐☐ **hall**
[hɔ́ːl　**ホ**ーる]
名　会館，ホール

☐☐☐ **near**
[níər　**ニ**ア]
前　…の近くに[で]

☐☐☐ **station**
[stéiʃn　ス**テ**イシャン]
名　駅，(山の)…合め

▷ I'm in the **brass band**.
私はブラスバンドに入っています。

▶ I **practice** the violin every morning.
私は毎朝バイオリンを練習します。

▶ **Before** the game, we practice in the gym.
試合の前に，私たちは体育館で練習します。

▶ How about **next** month?
来月はどうですか。

▶ When is the **concert**? — It is on July 28.
コンサートはいつですか。―７月28日です。

▶ Where is the restroom? — It's on the **fifth** floor.
お手洗いはどこですか。―５階にあります。

▷ Where is Midori **Hall**?
ミドリホールはどこですか。

▶ Where is the library? — It is **near** the hospital.
図書館はどこですか。―病院の近くです。

Part 2　したいことや夢を伝えよう

be
[bíː　**ビ**ー；(弱く言うとき)bi　ビ]
動　…である，…になる

singer
[síŋə*r*　**スィ**ンガ]
名　歌手

How are you?
お元気ですか。調子はどうですか。

really
[ríːəli　**リ**ー(ア)り]
副　本当に，実際に

excited
[iksáitid　イク**サ**イティッド]
形　わくわくした

why
[*h*wái　(ホ)**ワ**イ]
副　なぜ，どうして

game
[géim　**ゲ**イム]
名　試合，競技

today
[tədéi　トゥ**デ**イ]
名副　今日(は)，現在(では)

cool
[kúːl　**ク**ーる]
形　かっこいい

yeah
[jéə　**イェ**ア]
副　うん，そう(= yes)

win
[wín　**ウィ**ン]
動　…に勝つ

教科書p.32 ~ p.33

▷ I want to **be** a singer.
私は歌手になりたいです。

□□□ **dream** 　名 夢
[drí:m ドゥ**リ**ーム]

▷ **How are you**, Kaito?
調子はどうですか，カイト。

▷ I'm really **excited**!
私は本当にわくわくしています。

□□□ **have** 　動 …を開く，開催する
[hǽv **ハぁ**ヴ]

▷ We have a practice game **today**.
私たちは今日練習試合をします。

▷ Really? **Cool**!
本当に？ かっこいい。

▶ Are you busy today? − **Yeah**, I'm busy.
今日は忙しいですか。−うん，忙しいんだ。

▷ I want to **win** the game.
私は試合に勝ちたい。

□□□ **hard** [há:*r*d **ハ**ード]
副 熱心に，一生懸命に

□□□ **all** [ɔ́:l **オ**ーる]
代 全部，全員，全て，みな

□□□ someday [sʌ́mdèi **サ**ムデイ]
副 いつか

□□□ World Cup [wə́:*r*ld kʌ́p **ワ**〜るド **カ**ップ]
名 the World Cup ワールドカップ

□□□ **well** [wél **ウェ**る]
間 [ためらったり，返事に詰まったりして]ええと，そうですね

□□□ **luck** [lʌ́k **ら**ック]
名 運，幸運

□□□ Good luck.
幸運を祈ります。がんばって。

Part 3 数をたずねたり答えたりしよう

□□□ **how** [háu **ハ**ウ]
副 【程度】どれくらい

□□□ **many** [méni **メ**ニ]
形 [数えられる名詞の複数形につけて]たくさんの，多くの

□□□ **use** [jú:z **ユ**ーズ]
動 …を使う，利用する，消費する

□□□ marker [má:*r*kə*r* **マ**ーカ]
名 マーカー(ペン)

▷ You practice soccer very **hard**.
あなたはサッカーをとても一生懸命に練習しています。

▶ I want to write a book **someday**.
私はいつか本を書きたいです。

▶ The **World Cup** is in Japan.
ワールドカップが日本で開催されています。

▷ **Well**, someday I want to play in the World Cup.
そうだな，いつかワールドカップでプレーしたいです。

▶ **Good luck!** − Thank you.
幸運を祈ります。−ありがとう。

教科書p.34 ～ p.35

☐☐☐ **pencil(s)** ㊔ えんぴつ
[pénsl **ペ**ンスる]

▷ How **many** pencils do you have?
あなたはえんぴつを何本持っていますか。

▶ I want to **use** your eraser.
私はあなたの消しゴムを使いたいです。

☐☐☐ **eraser** ㊔ 消しゴム
[iréisə*r* イ**レ**イサ]

bring [bríŋ　ブ**リ**ング]	動	(～に)…を持ってくる，…を連れてくる
racket(s) [rǽkit　**ラぁ**ケット]	名	ラケット
shoe(s) [ʃúː　**シュ**ー]	名	くつ
towel(s) [táuəl　**タ**ウエる]	名	タオル，手拭い
water [wɑ́tə*r*　**ワ**タ，wɔ́ːtə*r*　**ウォ**ータ]	名	水
bottle [bɑ́tl　**バ**トゥる]	名	びん，ボトル
Monday [mʌ́ndèi　**マ**ンデイ]	名	月曜日
Wednesday [wénzdèi　**ウェ**ンズデイ]	名	水曜日
Friday [fráidèi　ふ**ラ**イデイ]	名	金曜日
Sunday [sʌ́ndèi　**サ**ンデイ]	名	日曜日
a [ə　ア；(強く言うとき)éi　**エ**イ]	冠	…につき，…ごとに
week [wíːk　**ウィ**ーク]	名	週，1週間

▷ What do you **bring** to practice?
練習に何を持ってきていますか。

▶ I bring my **shoes** to practice.
私は練習にくつを持ってきています。

▶ Do you have a **towel**?
タオルを持っていますか。

▶ I want to drink water. Where is my water **bottle**?
水が飲みたいです。私の水とうはどこですか。

□□□ **Tuesday** ㊔ 火曜日
[tʃú:zdèi **テュ**ーズデイ]

□□□ **Thursday** ㊔ 木曜日
[θə́:rzdèi **さ**〜ズデイ]

□□□ **Saturday** ㊔ 土曜日
[sǽtərdèi **サぁ**タデイ]

▶ I read three books **a** week.
私は１週間に３冊本を読みます。

▷ We practice five days a **week**.
私たちは１週間に５日練習します。

we're [wíər **ウィ**ア] = we are

off [ɔ́:f **オ**ーふ] 副 休んで

those [ðóuz **ぞ**ウズ] 形 あれらの，それらの

men [mén **メ**ン] 名 manの複数形

woman [wúmən **ウ**マン] 名 女性，女の人

women [wímin **ウィ**ミン] 名 womanの複数形

they [ðéi **ぜ**イ] 代 彼らは[が]，彼女らは[が]，それらは[が]

they're [ðéiər **ぜ**イア] = they are

coach(es) [kóutʃ **コ**ウチ] 名 コーチ

Grammar for Communication

2 名詞 ～ものについて伝えよう～

cup [kʌ́p **カ**ップ] 名 カップ

▶ **We're** a good team.
私たちはよいチームです。

▶ I'm **off** on Saturdays.
私は土曜日は休みです。

□□□ **man** ［mǽn マぁン］

名 男性，男の人

▷ Who are those **men**?
あの男の人たちはだれですか。

▶ That **woman** is Saki's mother.
あの女の人はサキのお母さんです。

▶ How many rabbits do **they** have?
彼らはウサギを何羽飼っていますか。

▶ **They're** my classmates.
彼らは私の同級生です。

▶ He is a tennis **coach**.
彼はテニスのコーチです。

教科書p.36

□□□ **jam** ［dʒǽm ヂぁム］

名 ジャム

tooth [tú:θ **トゥ**ーす]
名 歯

sheep [ʃí:p **シ**ープ]
名 ヒツジ

eat [í:t **イ**ート]
動 …を食べる，食事をする

milk [mílk **ミ**るク]
名 牛乳

年中行事　クリスマスカード

Christmas(クリスマス)が近づくと，多くの家庭では，ツリーをかざり，家のデコレーションをはじめる。何万個もの電飾を家全体につけたり，サンタクロースやトナカイの人形を置いたりと，ディズニーランドも顔負けの家だってあるよ。

ところで，日本の年賀状は元旦に届くように出すけど，英米などでは，クリスマスカードはクリスマスの日よりずっと前からおくるんだ。おくられてきたカードも，クリスマスの装飾として部屋にかざられる習慣があるからなんだよ。ちなみに，英米などでは，年賀状のような新年のあいさつ状だけをおくる習慣はほとんどないんだ。

カードに書くことばは，Merry Christmas! [**メ**リ ク**リ**スマス](クリスマスおめでとう)が代表的。

また，Merry Christmas and a Happy New Year!(クリスマスと新年おめでとう)と新年の祝いのことばをそえることも多い。ところで，日本では年賀状にA Happy New Year!のようにaをつけることがあるけど，英米ではaはつけないよ。教科書p.84の年賀状の例にもついていないね。ただし，上に示したMerry Christmas and a Happy New Year!の場合はつけるんだ。気をつけよう。ほかに，Season's Greetings![**スィ**ーズンズ グ**リ**ーティングズ]もよく使わ

□ □ □ **teeth** [tí:θ **ティ**ーす]

名 歯(toothの複数形)

▶ I **eat** spaghetti every day.

私は毎日スパゲッティを食べます。

れる。これはクリスマスからお正月にかけて使える「おめでとう」というあいさつなので，キリスト教徒以外の人にもさしつかえないことばだ(キリスト教徒以外の人にはMerry Christmas!を使わないほうがいいとされることがある)。

Unit 4 Friends in New Zealand

扉

New Zealand 名 ニュージーランド[国名]
[n*j*ù: zí:lənd ニュー**ズィ**ーランド]

Part 1 相手に指示したり助言したりしよう

excuse 動 …を許す
[ikskjú:z イクス**キュ**ーズ]

police officer 名 警察官
[pəlí:s ɔ̀:fisə*r* ポ**り**ース オーふィサ]

straight 副 まっすぐに
[stréit ストゥ**レ**イト]

turn 動 曲がる
[tə́:*r*n **タ**～ン]

left 副 左に[へ]，左側に
[léft **れ**ふト]

right 副 右に[へ]
[ráit **ラ**イト]

OK 間 よろしい，はい，わかった
[òukéi オウ**ケ**イ，óukèi **オ**ウケイ]

turn 名 順番，番
[tə́:*r*n **タ**～ン]

please 副 どうぞ，お願いします，すみませんが
[plí:z プ**り**ーズ]

教科書p.37

▶ It's winter in **New Zealand.**
ニュージーランドは冬です。

教科書p.38 ～ p.39

▷ **Excuse** me. Where is the library?
すみません。図書館はどこですか。

□□□ **go** [góu **ゴ**ウ] 動 行く

▷ Go **straight.**
まっすぐ行ってください。

▷ Turn **left** at the second corner.
２つ目の曲がり角を左に曲がってください。

▷ You can see it on your **right.**
右側にそれが見えます。

▶ It's my **turn.**
私の番です。

□□□	**front** [frʌ́nt　ふ**ラ**ント]	名　前，正面
□□□	**brave** [bréiv　ブ**レ**イヴ]	形　勇かんな，勇ましい
□□□	**so** [sóu　**ソ**ウ]	副　とても，非常に
□□□	**nervous** [nə́ːrvəs　**ナ**～ヴァス]	形　緊張して
□□□	**worry** [wə́ːri　**ワ**～リ]	動　心配する，悩む
□□□	**enjoy** [indʒɔ́i　イン**ヂョ**イ]	動　…を楽しむ
□□□	**enjoy yourself**	楽しむ，楽しく過ごす
□□□	**David** [déivid　**デ**イヴィッド]	名　デイビッド[男性名]
□□□	**good** [gúd　**グ**ッド]	形　元気な，健康な
□□□	**it** [ít　**イ**ット]	代　[天候・時間・距離などを表す文の主語に用いる]
□□□	**hot** [hát　**ハ**ット]	形　熱い，暑い
□□□	**how's** [háuz　**ハ**ウズ]	= how is

▷ Come to the **front**, please.
どうぞ，前にきてください。

▷ Be **brave**.
勇気を出して。

▶ We are **so** hungry.
私たちはとてもおなかが空いています。

▷ I'm so **nervous**.
私はとても緊張しています。

▶ Well, don't **worry** about it.
まあ，それについて心配しないで。

□□□ **yourself** [juə*r*sélf　ユア**セ**るふ]　㊅　あなた自身を[に]

▶ **Enjoy yourself** every day.
毎日楽しく過ごしてね。

□□□ **Green** [grí:n　グ**リ**ーン]　㊔　グリーン[姓]

▷ How are you? − I'm **good**.
元気ですか。−元気です。

▶ Is **it** sunny?
晴れていますか。

□□□ **Japan** [dʒəpǽn　ヂャ**パぁ**ン]　㊔　日本

▶ **How's** the curry?
カレー(の味)はどんなぐあいですか。

weather [名] 天気，天候
[wéðər **ウェ**ざ]

summer [名] 夏
[sʌ́mər **サ**マ]

Part 2 時刻をたずねたり答えたりしよう

time [名] 時刻
[táim **タ**イム]

get [動] …を得る
[gét **ゲ**ット]

get up 起きる，起床する

bed [名] ベッド
[béd **ベ**ッド]

a.m. [副] 午前
[éiém **エ**イ**エ**ム]

p.m. [副] 午後
[pí:ém **ピー****エ**ム]

now [副] 今，現在は，今では，今すぐ
[náu **ナ**ウ]

noon [名] 正午，真昼
[nú:n **ヌ**ーン]

o'clock [副] …時
[əklák オク**ら**ック]

□□□ **winter**　[wíntər　**ウィ**ンタ]

名　冬

□□□ **cold**　[kóuld　**コ**ウるド]

形　冷たい，寒い

教科書p.40 ～ p.41

□□□ **at**　[ǽt　**あ**ット；(弱く言うとき)ət　アット]

前　【時刻・年齢】…に

□□□ **up**　[ʌ́p　**ア**ップ]

副　起きて，上のほうへ

▷ I usually **get up** at 7:00.
私はたいてい7時に起きます。

▷ It's 9 **a.m.** in Japan now.
今，日本は午前9時です。

▶ What time is it? − It's 4 **p.m.**
何時ですか。−午後4時です。

▶ I have 500 yen **now.**
私は今500円持っています。

▷ What time do you have lunch? − At **noon.**
何時に昼食を食べますか。−正午です。

▶ I usually go to bed at ten **o'clock.**
ふだん私は10時に寝ます。

☐☐☐ **short**
[ʃɔ́ːrt **ショ**ート]
形 (時間・長さ・距離が)短い

☐☐☐ **long**
[lɔ́ːŋ **ろ**ーング]
形 長い

☐☐☐ **break**
[bréik ブ**レ**イク]
名 休憩

☐☐☐ **after**
[ǽftər **あ**ふタ]
前 …のあとに[で]

☐☐☐ **period**
[píəriəd **ピ**(ア)リオド]
名 (授業の)時間，時限

☐☐☐ **some**
[sʌ́m **サ**ム；(弱く言うとき)səm サム]
形 いくつかの，いくらかの，少しの

☐☐☐ **or**
[ɔ́ːr **オ**ーア；(弱く言うとき)ər ア]
接 …かまたは～，…や～

☐☐☐ snack(s)
[snǽk ス**ナぁ**ック]
名 軽食，スナック菓子

☐☐☐ **during**
[djúəriŋ **デュ**(ア)リング]
前 …の間ずっと，…の間に

☐☐☐ **lunch**
[lʌ́ntʃ **ら**ンチ]
名 昼食

Part 3 何が好きかたずねたり答えたりしよう

☐☐☐ **animal**
[ǽnəml **あ**ニムる]
名 動物

▶ My sister has **short** hair.
姉[妹]は短い髪をしています。

▶ It's tea time now. We have a short **break**.
今，お茶の時間です。私たちは短い休憩をとります。

▶ Let's play tennis **after** school.
放課後にテニスをしましょう。

▶ We have lunch after fourth **period**.
私たちは4時間目の後に昼食を食べます。

▶ I want **some** lemons.
私はレモンをいくつかほしいです。

▷ We eat some fruit **or** snacks.
私たちはいくつかの果物や軽食を食べます。

▶ Let's talk **during** lunch.
昼食の間に話そうよ。

教科書p.42 ～ p.43

□□□ **subject** ㊔ 教科，科目
[sʌ́bdʒikt **サ**ブヂェクト]

sport	[spɔ́ː*r*t　ス**ポ**ート]	名　スポーツ
you	[júː　**ユ**ー；(弱く言うとき)ju　ユ]	代　人は(だれでも)[話し相手を含めた一般の人をさす。日本語に訳さない場合が多い]
right	[ráit　**ラ**イト]	形　正しい，正確な
bird(s)	[bə́ː*r*d　**バ**～ド]	名　鳥
round	[ráund　**ラ**ウンド]	形　丸い，球形の
like	[láik　**ら**イク]	前　…のような[に]，…に似た，…らしい
kiwi fruit(s)	[kíːwi frùːt　**キ**ーウィ ふルート]	名　キウイフルーツ
national	[nǽʃnəl　**ナぁ**ショナる]	形　国の，国家の
on	[ɑ́n　**ア**ン]	前　**【所属】**…の一員で，…に属して
netball	[nétbɔ̀ːl　**ネ**トボーる]	名　ネットボール
mean	[míːn　**ミ**ーン]	動　…を意味する，…のことを言う
football	[fútbɔ̀ːl　**ふ**ットボーる]	名　アメリカンフットボール，サッカー

□□□ Emma [émə **エ**マ]
㊔ エマ[女性名]

□□□ kiwi(s) [kí:wi **キ**ーウィ]
㊔ キーウィ[動物名]

▶ He's a popular basketball player, **right**?
彼は人気のバスケットボール選手ですよね。

▶ The table is **round**.
そのテーブルは丸い。

▶ I enjoy a ball game **like** baseball.
私は野球のような球技を楽しみます。

▷ Kiwis are our **national** symbol.
キーウィは私たちの国のシンボルです。

▷ I'm on the **netball** team.
私はネットボールのチームに属しています。

▶ What do you **mean**?
どういう意味ですか。

Grammar for Communication

3 疑問詞 ～いろいろなことをたずねよう～

□□□ **father** [fáːðər ふァーざ] 名 父

□□□ **sunny** [sʌ́ni サニ] 形 日の当たる，晴れた

□□□ **cloudy** [kláudi クらウディ] 形 くもった

□□□ **table tennis** [téibl tènis テイブる テニス] 名 卓球

豆マメ知識　男と女か，女と男か？

a man and his wife(ある男とその妻)を，妻の側から言うと，a woman and her husband(ある女とその夫)となる。

今の時代の物語だったら，「あるところに1人の女とその夫がいました…」なんて書き出しもあるかもね。昔の王様が出てくる話だと，a man and his wifeのように男性を先にもってくるのが一般的だったようだけど。

お父さんとお母さんという言い方は英語ではmom and dad[マム アンド ダぁッド]と日本語の語順とは逆になるのがふつう。

職業を表すのに「…マン」という言い方が多かった。たとえば「セールスマン」はsalesman[セイるズマン]。だけど女性だったらどう言う？　saleswoman[セイるズウマン]になる。最近はこれらの男女の区別をしないsalesperson[セイるズパ～スン]がよく用いられる。

教科書p.44 〜 p.45

▷ How is the weather? − It is **sunny** today.
天気はどうですか。−今日は晴れています。

□□□ **rainy**　　形　雨の
[réini　**レ**イニ]

-manという男だけを意味する言い方ではなく，男女両方に使える言い方が増えてきた。「議長」だったら，chairman[**チェ**アマン]→chairperson[**チェ**アパ〜スン]，「警察官」だったら，policeman[ポ**り**ースマン]→police officer[ポ**り**ース オーふぃサ]と言うようにね。

人がだれでも必要なトイレの話を最後に。その表示で「殿方用」「婦人用」って英語でどう書いてあると思う？　(For) Menと(For) Ladies[**れ**イディズ]というのがけっこう多いかも。たいていはマークがあるから，まちがえる心配はないけどね。

Unit 5 A Japanese Summer Festival

扉

festival [féstəvl ふェスティヴる]
名 祭り，催し物

Part 1 どこにあるか・どこにいるかを説明しよう

pen [pén ペン]
名 ペン

ruler [rú:lə*r* ルーら]
名 定規

this [ðís ずィス]
形 この

park [pá:*r*k パーク]
名 公園，遊園地

quiet [kwáiət クワイエット]
形 静かな

with [wíð ウィず，wiθ ウィす]
前 【共同・同伴】…といっしょに

jog [dʒág ヂャグ]
動 ゆっくり走る，ジョギングする

around [əráund アラウンド]
前 …のまわりを回って

on [án アン]
前 【場所】…(の上)に[で]，…の身につけて

教科書p.47

教科書p.48 ～ p.49

□ **notebook**　㊔　ノート
[nóutbùk　**ノ**ウトブック]

▶ **This** cat is cute.
このネコはかわいいです。

▷ This park is usually **quiet**.
この公園はふだんは静かです。

▶ I **jog** with my dog every morning.
私は毎朝イヌとジョギングをします。

▶ I always walk **around** the pond.
私はいつも池のまわりを歩いています。

□ pond　㊔　池
[pánd　**パ**ンド]

□□□	**look** [lúk **る**ック]	動	見る，目を向ける
□□□	bench [béntʃ **ベ**ンチ]	名	ベンチ
□□□	**over** [óuvər **オ**ウヴァ]	副	向こうへ，あちらへ，こちらへ
□□□	over there		あそこに，あちらでは，向こうでは
□□□	**under** [ʌ́ndər **ア**ンダ]	前	…の下に[で]，…のもとに
□□□	**hair** [héər **ヘ**ア]	名	髪
□□□	where's [*h*wéərz (ホ)**ウェ**アズ]		= where is
□□□	**at** [ǽt **あ**ット；(弱く言うとき)ət アット]	前	【方向】…をめがけて，…に向かって
□□□	look at		…を見る
□□□	**people** [pí:pl **ピ**ープる]	名	人々
□□□	**stage** [stéidʒ ス**テ**イヂ]	名	舞台，ステージ
□□□	**boy** [bɔ́i **ボ**イ]	名	男の子，少年

□□□ **by** [bái **バ**イ]
前 【場所】…のそばに

▷ Look! Meg is by the **bench**.
見て！　メグがベンチのそばにいる。

▶ The post office is **over there**.
郵便局はあそこです。

□□□ **tree** [tríː トゥ**リ**ー]
名 木，樹木

▶ I like your brown **hair**.
私はあなたの茶色の髪が好きです。

▶ **Where's** the pen? — Here. It's on the notebook.
ペンはどこですか。—ここ。ノートの上にあります。

▶ **Look at** the picture on the wall.
壁の絵を見てください。

▶ Many **people** like the tennis player.
多くの人はそのテニス選手が好きです。

▷ Look at the people on the **stage**.
ステージの上にいる人たちを見て。

□□□ **girl** [gə́ːrl **ガ**～る]
名 女の子，少女

in
[ín **イ**ン]
前 【着用】…を身につけて，…を着て

Part 2 好きなことや楽しんでいること，得意なことを

swimming
[swímiŋ ス**ウィ**ミング]
名 水泳

climbing
[kláimiŋ ク**ら**イミング]
名 登山，のぼること

Thanks.
[θǽŋks **さぁ**ンクス]
ありがとう。

Come on.
さあ。がんばれ。

let's
[léts **れ**ッツ]
…しよう

together
[təgéðər トゥ**ゲ**ざ]
副 いっしょに，ともに

umm
[ʌ́m **ア**ム]
間 (ためらいを表して)ううん，ええ

No, thank you.
いいえ，けっこうです。

be good at
…がじょうずだ，得意だ

shy
[ʃái **シャ**イ]
形 内気な，恥ずかしがりの

▶ The girl **in** a red sweater is Saki.
赤いセーターを着ている女の子はサキです。

教科書p.50 ～ p.51

□□□ **sea** [síː　**スィ**ー]　名　海

□□□ **thank** [θǽŋk　**さぁ**ンク]　名　感謝

▶ I see. **Thanks.**
わかりました。ありがとう。

▷ **Come on,** Asami.
さあ，アサミ！

▷ Let's dance **together.**
いっしょにおどりましょう。

▶ **Umm.** I don't know.
ううん。わかりません。

▶ Let's play a game. ― **No, thank you.**
ゲームをしよう。―いいえ，けっこうです。

▶ My mother **is good at** cooking.
私の母は料理が得意です。

▷ Don't be **shy.**
恥ずかしがらないで。

do
[dú:　**ドゥ**ー，də　ダ]
動　(…を)する，行う

something
[sʌ́mθiŋ　**サ**ムすィンヶ]
代　何か，あるもの

noodle(s)
[nú:dl　**ヌ**ードゥる]
名　ヌードル，めん

fried noodles
[fráid nú:dlz　ふ**ラ**イド **ヌ**ードゥるズ]
名　焼きそば

idea
[aidí:ə　アイ**ディ**ーア]
名　考え，アイディア

thirsty
[θə́:*r*sti　**さ**～スティ]
形　のどのかわいた

need
[ní:d　**ニ**ード]
動　…を必要とする

juice
[dʒú:s　**ヂュ**ース]
名　ジュース

Part 3　体験したことを伝えよう

went
[wént　**ウェ**ント]
動　[goの過去形]

firework(s)
[fáiə*r*wə̀:*r*k　**ふァ**イアワ～ク]
名　花火

ate
[éit　**エ**イト]
動　[eatの過去形]

▷ You can **do** it!
あなたならできます。

▷ Let's eat **something**.
何か食べよう。

▷ I want to have **fried noodles**.
私は焼きそばがほしいです。

▷ That's a good **idea**.
それはよい考えです。

▶ I'm very **thirsty**.
私はとてものどがかわいています。

▶ I **need** a break.
私は休憩が必要です。

教科書p.52 ～ p.53

▷ I **went** to the summer festival.
私は夏祭りに行きました。

▶ We **ate** spaghetti for lunch.
私たちは昼食にスパゲッティを食べました。

□□□	**was** [wάz **ワ**ズ；(弱く言うとき)wəz ワズ]	動 [am, isの過去形]
□□□	**fun** [fʌ́n **ふァ**ン]	名 楽しいこと
□□□	**fishing** [fíʃiŋ **ふィ**シング]	名 (魚)つり
□□□	camping [kǽmpiŋ **キぁ**ンピング]	名 キャンプ(生活)
□□□	**yesterday** [jéstərdèi **イェ**スタデイ]	名副 昨日(は)
□□□	enjoy ...ing	…して楽しむ
□□□	**big** [bíg **ビ**ッグ]	形 大きい
□□□	**small** [smɔ́:l ス**モ**ーる]	形 小さい
□□□	**candy** [kǽndi **キぁ**ンディ]	名 キャンディー，砂糖菓子
□□□	**delicious** [dilíʃəs デ**り**シャス]	形 とてもおいしい
□□□	**of** [ʌ́v **ア**ヴ；(弱く言うとき)əv アヴ]	前 **【部分】**…の中の[で]，…の
□□□	**end** [énd **エ**ンド]	名 (期間，行為などの)終わり，最後

▶ The weather **was** fantastic.
天気はすばらしかったです。

□□□ **river** 名 川
[rívər **リ**ヴァ]

□□□ **mountain(s)** 名 山
[máuntən **マ**ウントゥン]

▶ **Yesterday** was Takuya's birthday.
昨日はタクヤの誕生日でした。

▶ We **enjoyed playing** games.
私たちはゲームをして楽しみました。

▶ I live in a **big** city.
私は大都市に住んでいます。

▶ This library is **small**.
この図書館は小さいです。

▶ I want a **candy** apple.
私はりんごあめがほしいです。

▶ The food is **delicious**.
食べ物がとてもおいしいです。

▶ Let's meet at the **end** of April.
４月の終わりに会いましょう。

saw
[sɔ́:　**ソ**ー]
動　[seeの過去形]

lot(s)
[lɑ́t　**ら**ット]
名　[a lotまたはlotsで]たくさん

wonderful
[wʌ́ndərfl　**ワ**ンダふる]
形　すばらしい，すてきな

lots of
[lɑ́ts əv　**ら**ッツ アヴ]
たくさんの，多数の

have
[hǽv　**ハぁ**ヴ]
動　(ある経験)をする，(ある時)を過ごす，(病気)にかかっている

had
[hǽd　**ハぁ**ド]
動　[haveの過去形]

time
[táim　**タ**イム]
名　(ある経験をした)時間

have a ... time
…な時を過ごす

from
[frɑ́m　ふ**ラ**ム；(弱く言うとき)frəm ふラム]
前　**【時間】**…から

to
[tú:　**トゥ**ー；(弱く言うとき)(子音の前で)tə　タ；(母音の前で)tu　トゥ]
前　**【時間・時刻】**…まで，…(分)前

in
[ín　**イ**ン]
前　**【時間】**…に，…の間に，…後に

this
[ðís　**ずィ**ス]
形　今の，現在の

▶ I **saw** pandas at the Ueno Zoo.
上野動物園でパンダを見ました。

□□□ **of** [ʌ́v **ア**ヴ；(弱く言うとき)əv アヴ]

㊀ **【分量・種類】**…の量の，…種類の

▶ It's a **wonderful** idea.
それはすばらしいアイディアです。

▷ We saw **lots of** wonderful fireworks.
私たちはたくさんのすてきな花火を見ました。

▶ I **had** toast and milk this morning.
私は今朝，トーストと牛乳をとりました。

▶ I **had a** great **time** today.
今日はとてもすばらしい時間でした。

▷ In Australia, summer is from December **to** February.
オーストラリアでは，夏は12月から２月までです。

▷ I went to Sydney Festival **in** January.
１月にシドニーの祭りに行きました。

▷ I enjoyed two summer festivals **this** year!
今年私は２つの夏祭りを楽しみました。

year 名 年，1年
[jíər **イ**ア]

Stage Activity

①"All about Me" Poster

poster 名 ポスター，広告
[páustər **ポ**ウスタ]

starter 名 先発メンバー
[stá:rtər ス**タ**ータ]

of 前 【所属・所有】…の，…の所有する，…に属する
[ʌ́v **アヴ**；(弱く言うとき)əv アヴ]

big 形 重要な，すごい
[bíg **ビ**ッグ]

famous 形 有名な
[féiməs **ふェ**イマス]

tell 動 …に(～を)話す，教える
[tél **テ**ル]

book 名 本
[búk **ブ**ック]

movie 名 映画
[mú:vi **ム**ーヴィ]

other 代 別の人[もの]，ほかの人[もの]
[ʌ́ðər **ア**ざ]

教科書p.54 ～ p.55

▷ Kota, your **poster** is great.
コウタ，あなたのポスターはすばらしい。

▷ I want to be a **starter**.
私は先発メンバーになりたい。

▶ The wall **of** my room is white.
私の部屋の壁は白いです。

▷ I'm a **big** fan of Kubota Satoshi.
私はクボタサトシの大ファンです。

▷ He's a **famous** soccer player.
彼は有名なサッカー選手です。

▶ **Tell** me about your trip.
あなたの旅行について私に話して。

□□□ **comic** [kámik **カ**ミック] 名 マンガ

▶ I saw the **movie** yesterday.
私は昨日その映画を見ました。

▶ You're not like the **others**.
あなたはほかの人たちとは違う。

□□□ **playing**
[pléiiŋ　プ**れ**イング]
名　プレーすること

□□□ **talk**
[tɔ́:k　**ト**ーク]
動　話す，しゃべる

□□□ **age**
[éidʒ　**エ**イヂ]
名　年齢

□□□ **elementary school**
[èləméntəri skù:l　エれ**メ**ンタリ スクーる]
名　小学校

□□□ **favorite**
[féivərit　**ふぇ**イヴァリット]
名　大好きなもの[人]

□□□ **sometimes**
[sʌ́mtàimz　**サ**ムタイムズ]
副　ときどき

□□□ **stadium**
[stéidiəm　ス**テ**イディアム]
名　スタジアム，競技場

こ・と・わ・ざ　最良のソースとは？

さて，ここらで英語のことわざでも1つ。

Hunger is the best sauce.（空腹は最良のソース）

さてこれはどんな意味だと思う？　hunger[**ハ**ンガ]は「空腹」という意味で，I'm hungry.（腹ぺこなんだよ）のhungry（空腹な）と関係のある語だよ。sauce[**ソ**ース]は食べ物にかける「ソース」。best[**べ**スト]は「いちばんよい」ってこと。で，the best sauceは「最良のソース」って意味になるよ。

▷ Let's **talk** about it.
それについて話しましょう。

▶ Do you know my **age**?
あなたは私の年齢を知っていますか。

▶ This book is my **favorite**.
この本は私のお気に入りです。

▶ I **sometimes** watch baseball games.
私はときどき野球の試合を見ます。

▷ Do you sometimes watch games at the **stadium**?
あなたはときどきスタジアムで試合を見ますか。

だれでも経験があると思うけど，運動をしてI'm very thirsty!(のどがすっごくカラカラだよ)っていうとき，甘いジュースじゃなくても，何の味もないふつうの水で十分うまい。それと同じで，お腹がペコペコのときは，ぜいたくな味つけをした食事なんかいらないもんね。ぐるぐるきゅーっ。ん？
だれの腹の虫だ？

Unit 6 A Speech about My Brother

扉

speech 名 スピーチ，演説
[spí:tʃ　ス**ピ**ーチ]

sister 名 姉，妹，姉妹
[sístər　**スィ**スタ]

Story ①

year 名 …歳，年齢
[jíər　**イ**ア]

… year(s) old　…歳，創立…年

Cebu 名 セブ島(フィリピン中部にある島)
[sebú:　セ**ブ**ー]

language 名 言語，言葉
[lǽŋgwidʒ　**らぁ**ングウィッヂ]

meet 動 (…に)会う，…と出会う，面会する
[mí:t　**ミ**ート]

Asian 形 アジア(人)の
[éiʒn　**エ**イジャン]

student(s) 名 学生，生徒
[stjú:dnt　ス**テュ**ーデント]

weekday(s) 名 平日
[wí:kdèi　**ウィ**ークデイ]

教科書p.57

□□□ **brother** ［brʌ́ðər　ブ**ラ**ざ］

㊔　兄，弟，兄弟

教科書p.59

□□□ **old** ［óuld　**オ**ウるド］

㊒　…歳の，（作られてから）…年［月］になる

▶ I'm eleven **years old.**
私は11歳です。

▷ He really likes **Cebu.**
彼はセブ島が本当に好きです。

▷ He studies English at a **language** school there.
彼はそこの語学学校で英語を勉強しています。

▶ I **meet** many people every day.
私は毎日たくさんの人に会います。

▶ I saw many **Asian** people in the city.
私はその都市で多くのアジアの人々を見ました。

▶ The school has 200 **students.**
その学校には200人の生徒がいます。

▷ Takuya goes to school on **weekdays.**
タクヤは平日に学校に行きます。

and [ǽnd **あ**ンド；(弱く言うとき)*ənd* アン(ド)]	接	そして，それから
scuba diving [skú:bə dàiviŋ ス**ク**ーバ ダイヴィンッグ]	名	スキューバダイビング
weekend(s) [wí:kènd **ウィ**ーケンド]	名	週末
has [hǽz **ハぁ**ズ]	動	haveの三人称単数現在形
beautiful [bjú:təfl **ビュ**ーティふる]	形	美しい
beach(es) [bí:tʃ **ビ**ーチ]	名	浜，海辺
his [híz **ヒ**ズ；(弱く言うとき)hiz ヒズ, iz イズ]	代	彼の
go ...ing		…しに行く
dive [dáiv **ダ**イヴ]	動	もぐる，ダイビングをする
diving [dáiviŋ **ダ**イヴィンッグ]	名	潜水，ダイビング

Story ②

write(s) [ráit **ラ**イト]	動	(…を)書く

▶ He studies hard **and** enjoys sports.
彼は一生懸命勉強し，そしてスポーツを楽しんでいます。

▶ Haruki goes to the beach on **weekends**.
ハルキは毎週末に海辺に行きます。

▷ Cebu **has** many beautiful beaches.
セブにはたくさんの美しい海辺があります。

▶ You have **beautiful** black hair.
あなたは美しい黒髪ですね。

▶ He runs in the park with **his** dog.
彼は彼のイヌといっしょに公園を走ります。

▶ I **go swimming** every summer.
私は毎年夏に泳ぎに行きます。

▷ He and his friends go **diving** together.
彼と友達はいっしょにダイビングに行きます。

□□□ **banana(s)** ㊔ バナナ
[bənǽnə バ**ナ**あナ]

教科書p.60

▶ **Write** your name here.
ここにあなたの名前を書きなさい。

□□□ **blog** [blά:g　ブ**ら**ーグ]	名	ブログ
□□□ **life** [láif　**ら**イふ]	名	①生活，暮らし ②生命，命，生き物
□□□ **local** [lóukl　**ろ**ウクる]	形	(ある)地方の，地元の
□□□ **nature** [néitʃə*r*　**ネ**イチャ]	名	自然
□□□ **spot(s)** [spάt　ス**パ**ット]	名	地点，場所
□□□ **does** [dʌ́z　**ダ**ズ，dəz　ダズ]	助	[否定文を作る]
□□□ doesn't [dʌ́znt　**ダ**ズント]		= does not
□□□ a lot of ...		たくさんの，多数の
□□□ comment(s) [kάment　**カ**メント]	名	批評，コメント
□□□ **much** [mʌ́tʃ　**マ**ッチ]	副	[動詞を修飾して]おおいに，たいへん
□□□ very much		とても，たいへん
□□□ post(s) [póust　**ポ**ウスト]	動	(インターネットで情報など)を掲示する

▷ Takuya writes a **blog** about school life.
タクヤは学校生活についてのブログを書いています。

▶ I want to enjoy the **local** food.
私は地元の食べ物を楽しみたいです。

□□□ **for**
[fɔ́ːr **ふォ**ーア；(弱く言うとき)fər ふォ]

㊦ 【用途・適合】…するための，…に適した

▶ I know nice **spots** for diving.
私はダイビングに適した場所を知っています。

▶ She **does** not play baseball.
彼女は野球をしません。

▶ He **doesn't** have a car.
彼は車を持っていません。

▶ I have **a lot of** books.
私はたくさんの本を持っています。

▶ I'm sorry. No **comment**.
すみません。ノーコメントです。

▷ I enjoy his blog very **much**.
私は彼のブログをとても楽しんでいます。

▶ Thank you **very much**.
ほんとうにありがとうございます。

▷ Takuya usually **posts** pictures on his blog.
タクヤはいつもブログに写真を掲示します。

take
[téik **テ**イク]
動 （写真など）を撮る

camera
[kǽmərə **キぁ**メラ]
名 カメラ

waterproof
[wɑ́tərprùːf **ワ**タプルーふ]
形 防水の

one
[wʌ́n **ワ**ン]
代 ［前に出てきた名詞のかわりとして］1つ，1人，…なもの

family
[fǽməli **ふぁ**ミリ]
名 家族

Story ③

does
[dʌ́z **ダ**ズ，dəz ダズ]
助 ［疑問文や応答を作る］

anyone
[éniwʌ̀n **エ**ニワン]
代 ［疑問文・否定文で］だれか，だれも（…ない）

any
[éni **エ**ニ；(弱く言うとき)əni エニ]
形 ［疑問文などで］いくらかの，何らかの

question(s)
[kwéstʃən ク**ウェ**スチョン]
名 質問

Filipino
[fìləpíːnou ふィリ**ピ**ーノウ]
名形 フィリピンの，フィリピン語（の）

sinigang
[sínigɑːŋ **シ**ニギぁング]
名 シニガン

▷ He can't **take** pictures in the sea.
彼は海の中で写真を撮ることができません。

▷ He doesn't have a **waterproof** camera.
彼は防水カメラを持っていません。

▶ Do you have an umbrella? − Yes, I have **one**.
傘を持っていますか。ーはい，持っています。

教科書p.62

▶ Does **anyone** have an eraser?
だれか消しゴムを持っていませんか。

▶ Do you have **any** sisters?
姉妹は何人かいますか。

▶ I have a **question** about Takuya.
私はタクヤについて質問があります。

▷ Does he like **Filipino** food?
彼はフィリピンの食べ物が好きですか。

▶ ***Sinigang*** is a delicious Filipino soup.
シニガンはとてもおいしいフィリピンのスープです。

sour
[sáuə*r* **サ**ウア]
形 酸っぱい

dessert
[dizə́ː*r*t ディ**ザ**～ト]
名 デザート

parfait
[pɑː*r*féi パー**ふェ**イ]
名 パフェ

sweet
[swíːt ス**ウィ**ート]
形 甘い

bean(s)
[bíːn **ビ**ーン]
名 豆

so
[sóu **ソ**ウ]
副 そのように，そう

and so on
…など

in
[ín **イ**ン]
前 【方法・道具・材料】…で，…を使って

mix
[míks **ミ**ックス]
名 混合

home
[hóum **ホ**ウム]
名 家庭，家

Unit Activity

sorry
[sári **サ**リ，sɔ́ːri **ソ**ーリ]
形 申し訳なく思って

▷ It's a **sour** soup.
それは酸っぱいスープです。

□□□ *halo-halo* 名 ハロハロ(フィリピンのパフェ)
[hàlouhálou ハぁロウ **ハぁ**ロウ]

□□□ **ice cream** 名 アイスクリーム
[áis krìːm **ア**イス クリーム]

▶ I love **sweet** cakes.
私は甘いケーキが大好きです。

□□□ **shaved ice** 名 かき氷
[ʃéivd áis **シェ**イヴド **ア**イス]

▶ She can speak English, Japanese, Filipino, **and so on.**
彼女は英語，日本語，フィリピン語などが話せます。

▷ Does *halo-halo* mean "parfait" **in** Filipino?
ハロハロはフィリピン語で「パフェ」という意味ですか。

▶ It's a **mix** of many fruits.
それはたくさんの果物を混ぜたものです。

教科書p.63

▷ I'm **sorry**. I don't know.
すみません。知りません。

Let's Talk ①

お願い　――許可を求める・依頼《いらい》する――

□□□ **can** [kǽn　**キ**ぁン；(弱く言うとき)kən カン]	助	【許可】Can I ...? …してもよいですか。
□□□ turn on		(スイッチ)を入れる，つける
□□□ fan [fǽn　**ふ**ぁン]	名	扇，うちわ，扇風機
□□□ dad [dǽd　**ダ**ぁッド]	名	お父さん
□□□ mom [mám　**マ**ム]	名	お母さん
□□□ **sure** [ʃúər　**シュ**ア]	副	[返事で]もちろん，いいとも
□□□ **no** [nóu　**ノ**ウ]	形	1つ[1人]も…ない，少しも…ない
□□□ **problem** [prábləm　プ**ラ**ブれム]	名	問題
□□□ No problem.		いいですよ。もちろん。
□□□ **can** [kǽn　**キ**ぁン；(弱く言うとき)kən カン]	助	【依頼】Can you ...? …してくれますか。
□□□ **with** [wíð　**ウィ**ず，wiθ　ウィす]	前	【関係・対象】…に関して，…について

教科書p.64

□□□ **on** [ɑ́n　**ア**ン]

副 （電気・水道・ガスなどが）通じて，ついて，出て

▶ Do you want to **turn on** the TV?
テレビをつけたいですか。

▷ Can I turn on the **fan**?
扇風機をつけてもいいですか。

▶ Good morning, **dad**.
お父さん，おはよう。

▶ **Mom**, can I eat this pudding?
お母さん，このプリンを食べてもいい？

▶ Can I use this pen? − **Sure**.
このペンを使ってもいいですか。－もちろん。

▶ He has **no** sisters.
彼には姉妹はいません。

▶ What is the **problem**?
何が問題ですか。

▶ Thank you. − **No problem**.
ありがとう。－いいですよ。

□□□ **help** [hélp　**へ**るプ]

動 …を手伝う，助ける，…の役に立つ

help ... with ～		…を～の面で手伝う
homework	[hóumwə̀rk **ホ**ウムワ～ク]	〔名〕 宿題
All right.		よろしい。わかった。了解した。
moment	[móumənt **モ**ウメント]	〔名〕 瞬間，ちょっとの間
Just a moment.		ちょっと待って。
borrow	[bárou **バ**ロウ，bɔ́ːrou **ボ**ーロウ]	〔動〕 …を借りる
chair	[tʃéər **チェ**ア]	〔名〕 いす
open	[óupn **オ**ウプン]	〔動〕 (…を)開く，あく，あける
door	[dɔ́ːr **ド**ーア]	〔名〕 ドア，戸
busy	[bízi **ビ**ズィ]	〔形〕 忙しい

▷ Can you **help** me **with** my homework?
私の宿題を手伝ってくれますか。

□
□ **all**　　　　　　　　　　　副　全く，全て，すっかり
□ [ɔ́ːl　**オ**ーる]

▶ **All right.** Let's go!
わかった。行こう。

▶ **Just a moment**, please.
ちょっと待ってください。

▶ Can I **borrow** your pen?
あなたのペンを借りてもいいですか。

▶ **Open** your book.
本を開きなさい。

▶ A woman stands by the **door**.
女性がドアのそばに立っています。

▶ I'm **busy** every day.
私は毎日忙しいです。

Unit 7 Foreign Artists in Japan

扉

- foreign [fɔ́ːrin **ふォ**ーリン] 形 外国(へ[から])の
- artist(s) [ɑ́ːrtist **ア**ーティスト] 名 芸術家，芸能人
- funny [fʌ́ni **ふァ**ニ] 形 おかしな
- drum(s) [drʌ́m ドゥ**ラ**ム] 名 たいこ

Story ①

- him [hím **ヒ**ム；(弱く言うとき)him ヒム] 代 彼を[に]
- Euan Craig [júːən kréig **ユ**アン ク**レ**イグ] 名 ユアン・クレイグ[男性名]
- pottery [pátəri **パ**テリ] 名 陶器，陶芸
- piece(s) [píːs **ピ**ース] 名 作品
- useful [júːsfl **ユ**ースふる] 形 役に立つ，有用な
- buy [bái **バ**イ] 動 …を買う

教科書p.67

▶ She is a **foreign** artist in Japan.
彼女は日本にいる外国人芸術家です。

▷ She tells **funny** stories.
彼女はおもしろい話をします。

教科書p.69

▷ That is Kaito. Do you know **him**?
あちらはカイトです。あなたは彼を知っていますか。

▶ I go to a **pottery** class every Monday.
私は毎週月曜日に陶芸教室へ行きます。

▶ He makes pottery. His **pieces** are popular.
彼は陶器をつくっています。彼の作品は人気があります。

▶ This book is very **useful**.
この本はとても役に立ちます。

▶ We can **buy** fish at that supermarket.
私たちはそのスーパーマーケットで魚を買うことができます。

them
[ðém **ぜ**ム]
代 彼ら[彼女ら，それら]を[に]

Diane
[daiǽn ダイ**あ**ン]
名 ダイアン[女性名]

performer
[pə*r*fɔ́:*r*mə*r* パ**ふぉ**ーマ]
名 演技者

the U.K.
[ðə jú:kéi ざ **ユーケイ**]
名 イギリス[国名]

perform(s)
[pə*r*fɔ́:*r*m パ**ふぉ**ーム]
動 演じる，演奏する

grandfather
[grǽn*d*fɑ̀:ðə*r* グ**ラぁ**ン(ド)ふァーざ]
名 祖父

her
[hə́:*r* **ハ**～；(弱く言うとき)hə*r* ハ]
代 彼女の

show(s)
[ʃóu **ショ**ウ]
名 ショー

her
[hə́:*r* **ハ**～；(弱く言うとき)hə*r* ハ，ə*r* ア]
代 彼女を[に]

see
[sí: **スィ**ー]
動 …に会う

Story ②

comic storytelling
[kámik stɔ́:riteliŋ **カ**ミック ス**ト**ーリテリング]
名 話芸

▶ I often play soccer with **them**.
私はよく彼らとサッカーをします。

▷ She's a *rakugo* **performer**, right?
彼女は落語家ですよね。

□□□ **place(s)**　㊔　場所，ところ
[pléis　プ**れ**イス]

▷ She lives in Japan and **performs** in many places.
彼女は日本に住み，多くの場所で演じています。

□□□ **grandmother**　㊔　祖母
[grǽn*d*mʌ̀ðə*r*　グ**ラぁ**ン(ド)マざ]

▶ **Her** name is Keiko.
彼女の名前はケイコです。

▶ I don't want to watch the **show**.
私はそのショーを見たくないです。

▶ Do you know Tomomi? ― I don't know **her**.
あなたはトモミを知っていますか。―私は彼女を知りません。

▷ I want to **see** her someday.
私はいつか彼女に会いたいです。

教科書p.70

▷ *Rakugo* is Japanese **comic storytelling**.
落語は日本の話芸です。

□□□ **cushion** [kúʃn **ク**シャン]	名 クッション，ざぶとん
□□□ **different** [dífərənt **ディ**ふァレント]	形 いろいろな
□□□ **role(s)** [róul **ロ**ウる]	名 役，役割
□□□ **only** [óunli **オ**ウンり]	副 ただ…だけ
□□□ **prop(s)** [práp プ**ラ**プ]	名 小道具
□□□ **hand** [hǽnd **ハぁ**ンド]	名 手
□□□ **Why don't we ...?**	(いっしょに)…しませんか。
□□□ **which** [*h*wítʃ (ホ)**ウィ**ッチ]	代 どちら，どれ，どちらの人[もの]
□□□ **in** [ín **イ**ン]	前 **【範囲】**…において，…に関しては

Mini Activity

□□□ **spaghetti** [spəgéti スパ**ゲ**ティ]	名 スパゲッティ
□□□ **chocolate** [tʃɔ́:kəlit **チョ**ーコレット]	名 チョコレート

▶ A *Rakugo* performer sits on a **cushion**.
落語家はざぶとんの上に座ります。

▷ A performer plays different **roles**.
１人の演技者がいろいろな役を演じます。

▶ She has **only** 50 yen.
彼女は50円しか持っていません。

▶ We make **props** for the stage.
私たちは舞台の小道具を作ります。

▶ **Why don't we** go camping?
いっしょにキャンプに行きませんか。

▷ **Which** does she speak, English or Japanese?
彼女が話すのは英語ですか，それとも日本語ですか。

▶ She's **in** my class.
彼女は私のクラスにいます。

教科書p.71

□□□ **pizza** [píːtsə **ピ**ーツァ]　㊔ ピザ

□□□ **cake** [kéik **ケ**イク]　㊔ ケーキ

coffee
[kɔ́:fi **コ**ーふぃ]
名 コーヒー

Story ③

minute(s)
[mínit **ミ**ニット]
名 (時間の単位の)分

wait
[wéit **ウェ**イト]
動 待つ

whose
[hú:z **フ**ーズ]
代 だれの，だれのもの

ticket
[tíkit **ティ**ケット]
名 切符，チケット

yours
[júərz **ユ**アズ]
代 あなた(たち)のもの

mine
[máin **マ**イン]
代 私のもの

maybe
[méibi: **メ**イビー]
副 たぶん，もしかすると

(Kaito)' s
[名詞の所有格を作る]
(カイト)の

oops
[úps **ウ**ップス]
間 おっと，うわっ，しまった

here
[híər **ヒ**ア]
副 さあ，ほら

教科書p.72

▷ The doors open in five **minutes.**
ドアは５分後に開きます。

▷ I can't **wait**!
私は待ちきれません。

▶ **Whose** book is that?
あれはだれの本ですか。

▷ Is this your **ticket**?
これはあなたのチケットですか。

▶ Which is **yours**?
どちらがあなたのものですか。

▶ This book is **mine**.
この本は私のものです。

▶ **Maybe** you're right.
もしかすると，あなたが正しいかもしれません。

▷ Maybe it's Kaito'**s**.
たぶんそれはカイトのものです。

▶ **Oops**, sorry.
おっと，ごめんなさい。

are 動 (…に)いる，ある
[á:r **ア**ー；(弱く言うとき)ər ア]

Here you are. はい，どうぞ。

be careful with …の扱いに気をつける

over 前 …より多く，…をこえて
[óuvər **オ**ウヴァ]

history 名 歴史
[hístəri **ヒ**スタリ]

still 副 まだ，今でも
[stíl ス**ティ**る]

Unit Activity

think 動 …だと思う
[θíŋk **すィ**ンク]

Let's Talk ②
●体調 ――説明する・指示する――

wrong 形 ぐあいが悪い
[rɔ́:ŋ **ロ**ーング]

What's wrong? どうかしたのですか。

headache 名 頭痛
[hédèik **ヘ**ッドエイク]

▶ Where **are** you, Tomoko?
あなたはどこにいるの，トモコ。

□□□ **careful** 形　注意深い
[kéərfl　**ケ**アふる]

▶ **Be careful with** cars.
車に気をつけて。

▷ *Rakugo* has a **history** of over 400 years.
落語は400年以上の歴史があります。

▶ I **still** live in Tokyo.
私はまだ東京に住んでいます。

教科書p.73

▷ I don't **think** so.
私はそうは思いません。

教科書p.74

▶ Are you OK? **What's wrong?**
大丈夫ですか。どうかしたのですか。

▶ Do you have a **headache**?
あなたは頭痛がしますか。

too [tú: **トゥ**ー]
副 あまりに，…すぎる

bad [bǽd **バあ**ッド]
形 悪い，よくない，ひどい

That's too bad.
それはいけませんね。

nurse's office [nə́:*r*siz àfis **ナ**ーシズ オふィス]
名 保健室

take [téik **テ**イク]
動 (ある行動)をとる，する

rest [rést **レ**スト]
名 休み，休息

hour [áuə*r* **ア**ウア]
名 1時間

take a rest
ひと休みする

stomachache [stʌ́məkèik ス**タ**マックエイク]
名 胃痛，腹痛

fever [fí:və*r* **ふィ**ーヴァ]
名 熱

toothache [tú:θèik **トゥ**ーすエイク]
名 歯痛

nose [nóuz **ノ**ウズ]
名 鼻

▶ It's **too** hot.
暑すぎます。

▶ **That's too bad.** Don't worry.
それはいけませんね。心配しないで。

▶ Let's **take** a break here.
ここで休憩しましょう。

☐☐☐ **for** [fɔ́ːr **ふォ**ーア；(弱く言うとき)fər ふォ]
前 【時間・距離】…の間

▶ I study for five **hours** every day.
私は毎日５時間勉強します。

▷ **Take a rest** for an hour.
１時間休みなさい。

▶ I have a **stomachache.**
私はお腹が痛いです。

▶ She had a **fever.**
彼女は熱がありました。

▶ I have a **toothache.**
私は歯が痛いです。

☐☐☐ **leg** [lég **れ**ッグ]
名 脚

doctor　名　医者，医師
[dáktər　**ダ**クタ]

Grammar for Communication

5 代名詞 ～くり返しを避《さ》けよう～

kind　形　親切な，やさしい
[káind　**カ**インド]

his　代　彼のもの
[híz　**ヒ**ズ；(弱く言うとき)hiz　ヒズ, iz　イズ]

hers　代　彼女のもの
[hə́ːrz　**ハ**～ズ]

its　代　それの，その
[íts　**イ**ッツ]

us　代　私たちを[に]
[ʌ́s　**ア**ス；(弱く言うとき)əs　アス]

ours　代　私たちのもの
[áuərz　**ア**ウアズ]

their　代　彼らの，彼女らの，それらの
[ðéər　**ゼ**ア]

theirs　代　彼ら[彼女ら，それら]のもの
[ðéərz　**ゼ**アズ]

□ dentist　　　名　歯科医
□ [déntist　デンティスト]
□

教科書p.76

▷ He is my friend. He is **kind**. I like him.
彼は私の友達です。彼は親切です。私は彼が好きです。

▶ Is this Kaito's cap? − Yes, it's **his**.
これはカイトの帽子ですか。−はい，彼のものです。

▶ This dictionary is **hers**.
この辞書は彼女のものです。

▶ She has a dog. **Its** name is Pochi.
彼女はイヌを飼っています。その名前はポチです。

▶ They know **us**.
彼らは私たちを知っています。

▶ The house is **ours**.
その家は私たちのものです。

▶ **Their** house is near the park.
彼らの家は公園の近くにあります。

▶ My car is old, but **theirs** is new.
私の車は古いが，彼らのは新しい。

Unit 8 A Surprise Party

扉

surprise [sərpráiz　サプ**ラ**イズ]
名　驚くべきこと，驚き

party [pá:rti　**パ**ーティ]
名　パーティー

surprise party
名　不意打ちパーティー

Story ①

hello [helóu　へ**ろ**ウ，hélou　**へ**ろウ]
間　(電話で)もしもし

TV [tí:ví:　**ティ**ー**ヴィ**ー]
名　テレビ(放送)

am [ǽm　**あ**ム；(弱く言うとき)m　ム]
助　[現在進行形を作る]

What's up?
どうしたのですか。

think [θíŋk　**すィ**ンク]
動　考える，思う

tomorrow [təmárou　トゥ**マ**ロウ]
名副　明日(は)

free [frí:　ふ**リ**ー]
形　ひまな

教科書p.77

▶ It was a big **surprise**.
それは大きな驚きでした。

▶ Let's go to the **party**.
そのパーティーに行きましょう。

□
□
□
clothes　㊔　衣服
[klóuz　ク**ろ**ウズ]

教科書p.79

▷ **Hello**? − Hello, Meg?
もしもし。ーもしもし，メグですか。

▷ I'm watching **TV**.
私はテレビを見ています。

▶ Hey, Anna. **What's up?**
やあ，アンナ。どうしたんだい。

▷ I'm thinking about **tomorrow**.
私は明日のことについて考えています。

▶ Are you **free** on Saturday?
あなたは土曜日はひまですか。

house
[háus　**ハ**ウス]
名　家，住宅

video game
[vídiou gèim　**ヴィ**ディオウ ゲイム]
名　テレビゲーム

video
[vídiòu　**ヴィ**ディオウ]
名　映像，動画

sound like
…のように聞こえる，思える

forward
[fɔ́ːrwərd　**ふォ**ーワド]
副　→look forward to

look forward to
…を楽しみに待つ

See you.
またね。

then
[ðén　**ぜ**ン]
副　そのとき(に)

bye
[bái　**バ**イ]
間　さよなら，バイバイ

shop
[ʃáp　**シャ**ップ]
動　買い物をする
名　店

Story ②

is
[íz　**イ**ズ；(弱く言うとき)s　ス，z　ズ]
助　[現在進行形を作る]

▷ We can play my new **video game** together.
私たちは私の新しいテレビゲームをいっしょにすることができます。

□□□ **game** [géim **ゲ**イム]　名 遊び，ゲーム

▶ That **sounds like** fun.
それは楽しそうだね。

▶ I'm **looking forward to** my next trip.
私は次の旅行を楽しみにしています。

▷ OK. **See you** then.
わかった。じゃあまたそのときにね。

▶ I was seven years old **then.**
私はそのとき7歳でした。

▶ **Bye,** Meg.
さよなら，メグ。

教科書p.80

decorate, decorating [dékərèit **デ**コレイト]	動	…を飾る
are [ɑ́ːr **ア**ー；(弱く言うとき)ər ア]	助	[現在進行形を作る]
prepare, preparing [pripéər プリ**ペ**ア]	動	(…の)準備をする，備える
for [fɔ́ːr **ふォ**ーア；(弱く言うとき)fər ふォ]	前	【利益】…のために[の]
card [kɑ́ːrd **カ**ード]	名	カード，はがき
say [séi **セ**イ]	動	(…を)言う，だと言う
to [túː **トゥ**ー；(弱く言うとき)(子音の前で)tə タ；(母音の前で)tu トゥ]	前	【対象・関連】…に(とって)
happy [hǽpi **ハぁ**ピ]	形	幸せな，うれしい，楽しい
Happy birthday!		誕生日おめでとう。
best [bést **ベ**スト]	形	[goodの最上級]最もよい
forever [fərévər ふォ**エ**ヴァ]	副	永久に，永遠に

▷ Kaito is **decorating** the room.
カイトは部屋を飾っています。

▶ He is **preparing** a bath.
彼は入浴の準備をしています。

▷ I'm taking a video **for** Meg.
私はメグのために動画を撮っています。

▶ **Say** "I'm sorry".
「ごめんなさい」と言いなさい。

▷ Say something **to** Meg.
メグに何か言って。

▶ I'm **happy** now.
私は今幸せです。

▷ **Happy birthday**, Meg!
誕生日おめでとう，メグ。

▶ It's the **best** movie of this year.
それが今年最高の映画です。

▷ Let's be best friends **forever**!
永遠に親友でいましょうね。

Story ③

□□□	**in** [ín **イ**ン]	副 中へ，中に
□□□	come in	入る
□□□	**quickly** [kwíkli ク**ウィ**ックり]	副 速く，すぐに，急いで
□□□	**happen(ing)** [hǽpn **ハぁ**プン]	動 起こる，生じる
□□□	goodness [gúdnəs **グ**ッドネス]	名 善良さ，やさしさ
□□□	Oh, my goodness!	(驚きを表して)えっ。おや。まあ。
□□□	**forget** [fə*r*gét ふォ**ゲ**ット]	動 (…を)忘れる
□□□	**present** [préznt プ**レ**ズント]	名 プレゼント
□□□	**how** [háu **ハ**ウ]	副 **【感嘆】**なんと，なんて，どんなに
□□□	How nice!	いいね。すばらしい。うれしい。
□□□	of course [əf kɔ́ː*r*s アフ**コ**ース]	もちろん

教科書p.82

▷ Hi, Meg. **Come in**!
こんにちは，メグ。入って。

▶ I **quickly** eat my breakfast every morning.
私は毎朝，朝食を急いで食べます。

▷ What's **happening**?
何が起こっているの？

▷ **Oh, my goodness!** Thank you.
まあ。ありがとう。

▶ Don't **forget** my birthday.
私の誕生日を忘れないで。

▶ **How** cold!
何て寒いのでしょう。

□□□ **course** [kɔ́ːrs **コ**ース]
㊔ →of course

▶ Do you like soccer? − **Of course.**
あなたはサッカーが好きですか。−もちろんです。

what 形 なんと，なんて
[*h*wát　(ホ)**ワ**ット]

welcome 形 歓迎される
[wélkəm　**ウェ**るカム]

You're welcome. どういたしまして。

Unit Activity

teach(ing) 動 …を教える
[tí:tʃ　**ティ**ーチ]

T-shirt 名 Tシャツ
[tí:ʃə̀:*r*t　**ティ**ーシャ〜ト]

Let's Write ①
●お祝い　――グリーティングカード――

dear 形 親愛なる…(様)[手紙などの書き出しの言葉]
[díə*r*　**ディ**ア]

wish(es) 名 祝福の言葉，祈り
[wíʃ　**ウィ**ッシ]

Best wishes for .... …の幸せを祈ります。

Happy New Year! 新年おめでとう。

get 動 (ある状態)になる
[gét　**ゲ**ット]

▶ **What** a beautiful mountain!
何て美しい山でしょう。

▷ Thank you so much! － **You're welcome.**
どうもありがとうございます。－どういたしまして。

教科書p.83

▷ He's **teaching** Japanese in Class 1-2.
彼は1-2クラスで日本語を教えています。

教科書p.84

▷ **Dear** Meg,
親愛なるメグへ,

□ **for** 　　前　【対象】…に対して
□ [fɔ́ːr 　**ふォ**ーア；(弱く言うとき) fər
□ ふォ]

▷ **Best wishes for** the new year.
よいお年を。

▶ Dear Asami, **Happy New Year!**
親愛なるアサミへ，新年おめでとう。

□ **well** 　　形　健康で，元気で，よい
□
□ [wél 　**ウェ**る]

□□□ **soon** ［sú:n **ス**ーン］　副　すぐに，まもなく

□□□ Get well soon!　早く元気になってね！

Grammar for Communication

6 現在進行形 ～今していることを伝えよう～

□□□ **dinner** ［dínər **ディ**ナ］　名　夕食，食事

豆マメ知識　英語になった日本語

身のまわりのものを見回してみると，コンピュータ，カメラ，ミルク，テーブル，カレンダーなどなど，英語からきたことばがたくさんあるよね。

カタカナ語には，ほかの外国語からきたことばもある。「アルバイト」はドイツ語だし，「イクラ」はロシア語，「カステラ」はポルトガル語，「シュークリーム」はフランス語。

だけど，日本語から英語になったことばだってあるんだよ。最近は世界で日本食ブームが広がっているので，sushiやtofuはすっかり英語として定着した。ただし，すでに英語化しているので，これらの語を英語で言うときには発音に気をつけよう。「すし」は［**ス**ーシ］となるし，「とうふ」は［**ト**ウふー］となり，前にアクセントがくる。

そのほかにも，karate（空手）やjudo（柔道）などのスポーツ，

▶ The next train comes **soon.**
まもなく次の列車が来ます。

▶ I hope you **get well soon!**
早く元気になることを願っているよ。

教科書p.86

kabuki(歌舞伎)やkimono(着物)やkaraoke(カラオケ)などの日本の文化に関する語も，英語として定着しているんだ。Unit **7** では，*rakugo* performer(落語家)という語もあったね。

Unit 9 Think Globally, Act Locally

扉

globally 副 世界的に
[glóubəli グ**ろ**ウバり]

act 動 行動する
[ǽkt **あ**クト]

locally 副 その地方で，局地的に
[lóukli **ろ**ウカり]

dish(es) 名 皿
[díʃ **ディ**ッシ]

wash 動 …を洗う
[wáʃ **ワ**ッシ]

Story ①

Lily 名 リリー[女性名]
[líli **り**り]

cousin 名 いとこ
[kʌ́zn **カ**ズン]

work(s) 動 働く，作業をする
[wə́ːrk **ワ**～ク]

as 前 …として
[ǽz **あ**ズ；(弱く言うとき)əz アズ]

country, countries 名 国
[kʌ́ntri **カ**ントゥリ]

教科書p.87

▶ He **acts** very quickly.
彼はとてもすばやく行動します。

▷ Think globally, act **locally**.
地球規模で考え，足元から行動しよう。

▶ Can you **wash** the dishes?
お皿を洗ってくれますか。

教科書p.89

□□□ Smith
[smíθ　スミす]
名　スミス[姓]

▶ I have three **cousins**.
私には３人のいとこがいます。

▶ Mike **works** in this Japanese restaurant.
マイクはこの日本料理店で働いています。

▶ She is famous **as** an artist.
彼女は芸術家として有名です。

□□□ **in** [ín **イ**ン]	前	【状態・従事】…(の状態)で
□□□ **need** [níːd **ニ**ード]	名	困っている状態，貧困
□□□ in need		困っている
□□□ Kenya [kénjə **ケ**ニャ]	名	ケニア[国名]
□□□ **hospital** [háspitl **ハ**スピトゥる]	名	病院
□□□ **difficult** [dífikəlt **ディ**ふィカるト]	形	難しい，困難な
□□□ **try, tries** [trái トゥ**ラ**イ]	動	(…を)試す，やってみる，努力する
□□□ try to		…しようと試みる，努力する
□□□ **best** [bést **ベ**スト]	名	最もよいもの，最良の状態
□□□ do her best		最善を尽くす
□□□ **future** [fjúːtʃər **ふュ**ーチャ]	名形	未来(の)
□□□ **sure** [ʃúər **シュ**ア]	形	確信して

▶ He's **in** love with the girl.
彼はその少女に恋をしています。

▷ I want to help people **in need**.
私は困っている人々を助けたいです。

▷ Now she's working at a small **hospital** in Kenya.
現在は，彼女はケニアの小さな病院で働いています。

▶ This book is too **difficult**.
この本は難しすぎます。

▶ I **tried to** help him.
私は彼を助けようとしました。

▷ She tries to **do her best**.
彼女は最善を尽くそうとします。

▷ I'm not **sure** about my future job.
自分の将来の仕事については確信はありません。

job	[dʒάb **ヂャ**ブ]	名	職，仕事

Story ②

listen	[lísn **り**スン]	動	聞く，耳を傾ける
listen to			…を聞く
presentation	[prèzntéiʃn プレゼン**テ**イシャン]	名	発表，プレゼンテーション
main	[méin **メ**イン]	形	主な，主要な
later	[léitə*r* **れ**イタ]	副	もっと遅く，あとで
ethnic	[éθnik **エ**すニック]	形	民族(特有)の
line	[láin **ら**イン]	名	列，並び
in line			1列に並んで
get	[gét **ゲ**ット]	動	着く，到着する
get to			…に着く，到着する

教科書p.90

▶ I **listen to** music after dinner.
私は夕食後に音楽を聞きます。

▶ My **presentation** went well.
私のプレゼンテーションはうまく行きました。

▶ The **main** dish was sausage.
主となる料理はソーセージでした。

▶ See you **later**.
あとで会いましょう。

▷ I want to try some **ethnic** food.
私はいくつかの民族料理を試してみたいです。

▷ Many people are waiting **in line**.
多くの人が１列に並んで待っています。

▶ I **get to** school at eight ten.
私は８時10分に学校に着きます。

□□□ **late** 形 おくれた，遅刻した
[léit **れ**イト]

□□□ **for** 前 【特定の日時・機会】…に
[fɔ́ː*r* **ふォ**ーア；(弱く言うとき)fə*r* ふォ]

□□□ **understand** 動 (…を)理解する，わかる
[ʌ̀ndə*r*stǽnd アンダス**タぁ**ンド]

□□□ **first** 副 第1に，最初に
[fə́ː*r*st **ふア**〜スト]

Mini Activity

□□□ **visit** 動 (人・場所)を訪ねる
[vízit **ヴィ**ズィット]

□□□ **museum** 名 博物館，美術館
[mjuːzíəm ミュー**ズィ**アム]

Story ③

□□□ **child** 名 子供
[tʃáild **チャ**イるド]

□□□ **children** 名 childの複数形
[tʃíldrən **チ**るドゥレン]

□□□ **clean** 形 きれいな，清潔な
[klíːn ク**リ**ーン]

□□□ **from** 前 【場所】…から
[frʌ́m ふ**ラ**ム；(弱く言うとき)frəm ふラム]

▶ Sorry I'm **late** for your presentation.
君の発表におくれてごめん。

▶ Let's have a party **for** your birthday.
あなたの誕生日パーティーをしましょう。

▶ Do you really **understand**?
ほんとうにわかっていますか。

▶ Can you talk about your family **first**?
最初にあなたの家族について話してもらえますか。

教科書p.91

▶ I want to **visit** America.
私はアメリカを訪ねたいです。

□□□ **wall** [wɔ́ːl **ウォ**ーる] 名 かべ

教科書p.92

▷ The **children** look happy.
子供達は幸せそうに見えます。

▶ They are all waiting in **clean** clothes.
彼らはみんなきれいな服を着て待っています。

well(s)	[wél **ウェ**る]	名	井戸
look	[lúk **る**ック]	動	…(のよう)に見える
other	[ʌ́ðər **ア**ざ]	形	(2つの中で)もう1つ[一方]の
on the other hand			他方では，これに反して
some	[sʌ́m **サ**ム；(弱く言うとき)səm サム]	形	一部の，(中には)…もある
village(s)	[vílidʒ **ヴィ**れッヂ]	名	村
collect	[kəlékt コ**れ**クト]	動	…を集める
time	[táim **タ**イム]	名	時間，期間，ひま
for a long time			長い間
volunteer	[vɑ̀ləntíər ヴァらン**ティ**ア]	名	ボランティア
build(s)	[bíld **ビ**るド]	動	…を建てる
help	[hélp **へ**るプ]	名	援助，助け

▷ They're getting clean water from a **well**.
彼らは井戸からきれいな水を得ています。

▶ He **looks** so tired.
彼はとても疲れているように見えます。

▶ I don't want this bag. I want the **other** one.
このバッグはほしくありません。もう１つのほうがほしいです。

▶ **On the other hand**, I can understand your surprise.
他方で，あなたの驚きは理解できます。

▶ **Some** people don't like a carrot.
ニンジンが好きではない人もいます。

▶ Yuka lives in a small **village** in Japan.
ユカは日本の小さな村に住んでいます。

▶ I **collect** foreign comic books.
私は外国のマンガ本を集めています。

▷ They walk **for a long time** every day.
彼らは毎日長い間歩きます。

▶ She works at the museum as a **volunteer**.
彼女は博物館でボランティアとして働いています。

▶ We **build** a bridge over there.
私たちはあそこに橋をかけます。

money
[mʌ́ni　**マ**ニ]
[名] 金，通貨

Unit Activity

sad
[sǽd　**サぁ**ッド]
[形] 悲しい

Let's Talk ③

●道案内　――質問する・説明する――

Excuse me.
[ikskjúːz miː　イクス**キュ**ーズ ミー]
すみません。失礼ですが。

for
[fɔ́ːr　**ふォ**ーア；(弱く言うとき) fər ふォ]
[前] 【目的・用意】…のために，…を求めて

look for
…をさがす

pardon
[pɑ́ːrdn　**パ**ードゥン]
[動] →Pardon me?

Pardon me?
何とおっしゃいましたか。もう一度おっしゃってください。

Let's see.
[考えながら]ええと。そうですね。

along
[əlɔ́ːŋ　ア**ろ**ーング]
[前] …に沿って

go along
(通り・道)を進む

▷ We're collecting **money**. We need your help.
私たちはお金を集めています。私たちはあなたの助けが必要です。

教科書p.93

▷ I feel very **sad**.
私はとても悲しいです。

教科書p.94

▶ **Excuse me.** Are you Ms. Imai?
失礼ですが，あなたはイマイさんですか。

▶ What are you **looking for**?
あなたは何をさがしているのですか。

▶ Where is Asahi Station? − **Pardon me?**
あさひ駅はどこですか。－何とおっしゃいましたか。

▶ **Let's see.** What is this?
ええと。これは何ですか。

▷ **Go along** this street.
この通りに沿って進みなさい。

☐☐☐ **street**　　通り，街路
[stríːt　ストゥ**リ**ート]

☐☐☐ **turn**　　動　向く，曲がる
[tə́ːrn　**タ**～ン]

☐☐☐ traffic **light**　　交通信号
[trǽfik làit　トゥ**ラぁ**ふィック らイト]

☐☐☐ traffic　　名　交通
[trǽfik　トゥ**ラぁ**ふィック]

☐☐☐ **way**　　名　道，道筋
[wéi　**ウェ**イ]

☐☐☐ **down**　　副　下に[へ]
[dáun　**ダ**ウン]

会話のヒント　Pardon me?(えっ，何ですって？)

相手の言っていることが聞き取れなかったときは，どうする？「何とおっしゃいましたか」とか「もう一度言ってください」という意味で Pardon me?[**パー**ドゥン **ミー**]と言ってみよう。語尾は上げ調子でね。

Mike: Excuse me. Is this your umbrella?
(すみません。これはあなたのかさですか)
Judy: Pardon me?(えっ，何とおっしゃいましたか)
Mike: Your umbrella.(あなたのかさですよ)
Judy: Oh, my umbrella! Thank you.
(まあ，わたしのかさね！　ありがとう)
Mike: You're welcome.(どういたしまして)

また，I beg [**ベ**ッグ] your pardon? とか Beg your pardon? のようにも言うよ。Excuse me? も上げ調子で言うと，聞き返すとき

▶ Do we **turn** right or left?
右に曲がりますか，それとも左に曲がりますか。

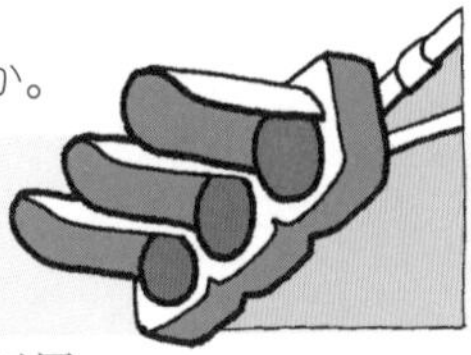

▶ The **traffic light** is red now.
信号は今赤です。

□□□ post office
[póust ɔ̀ːfis **ポ**ウスト オーふィス]
名 郵便局

□□□ block(s)
[blák ブ**ら**ック]
名 区画

▶ I went **down** the river in a boat.
私はボートで川を下りました。

に使える。同じ意味でI'm sorry? とかSorry? もよく使われるんだ。このときも上げ調子で言ってね。

Pardon me. やPardon. と語尾を下げ調子で言うと，「すみません」とか「ごめんなさい」という意味にもなるから覚えておくと便利なことばだよ。

Stage Activity

②My Hero

hero
[hí:rou **ヒ**ーロウ]
名 英雄，ヒーロー

guess
[gés **ゲ**ス]
動 (…を)推測する

song
[sɔ́:ŋ **ソ**ーング]
名 歌

That's right.
そのとおり。

voice
[vɔ́is **ヴォ**イス]
名 声

original
[ərídʒənl オ**リ**ヂヌる]
形 独創的な，独自の

word(s)
[wə́:rd **ワ**～ド]
名 歌詞

cheer
[tʃíər **チ**ア]
動 →cheer ... up

cheer ... up
…を元気づける

Let's Read ①

Let's Climb Mt. Fuji

Guess what!
あのね，何だと思う？
あのね！

教科書p.96 ～ p.97

▶ I can't **guess** your age.
あなたの年齢は推測できません。

▶ What **song** do you play?
あなたはどんな歌を演奏しますか。

□□□ **musician**　名　演奏家
[mjuːzíʃn　ミュー**ズィ**シャン]

▷ He has a beautiful **voice.**
彼は美しい声をしています。

▶ I write **original** music.
私はオリジナルの曲を書きます。

▷ I like the **words** of his songs.
私は彼の歌の歌詞が好きです。

□□□ **up**　副　勢いよく，元気に
[ʌ́p　**ア**ップ]

▶ My dog tries to **cheer** me **up.**
私のイヌが私を元気づけようとしてくれています。

教科書p.98 ～ p.99

▷ Hi, Koichi. **Guess what!**
やあ，コウイチ。あのね！

□□□ **plan(ning)** [plǽn　プ**ら**ぁン]	動　…を計画する
□□□ **trip** [tríp　トゥ**リ**ップ]	名　旅行
□□□ **climb** [kláim　ク**ら**イム]	動　…に[を]のぼる
□□□ Mt. [máunt　**マ**ウント]	名　[Mountの略。山の名の前につけて]…山
□□□ **stay** [stéi　ス**テ**イ]	動　滞在する，泊まる
□□□ hut [hʌ́t　**ハ**ット]	名　小屋
□□□ sunrise [sʌ́nràiz　**サ**ンライズ]	名　日の出
□□□ **interested** [íntə*r*əstid　**イ**ンタレスティッド]	形　興味を持っている
□□□ Bob [báb　**バ**ブ]	名　ボブ[男性名]
□□□ Here are	これが…です。ここに…があります。…をどうぞ。
□□□ detail(s) [díteil　**ディ**テイる]	名　詳細
□□□ trail(s) [tréil　トゥ**レ**イる]	名　(通ってできた)小道，登山道

▶ We're **planning** Mika's birthday party.
私たちはミカの誕生日パーティーを計画しています。

▶ A lot of people **climb** Mt. Fuji.
たくさんの人々が富士山にのぼります。

▶ I **stay** in America with my friend.
私は友達とアメリカに滞在しています。

▶ I saw a small mountain **hut**.
私は小さな山小屋を見ました。

▶ We ate breakfast before **sunrise**.
私たちは日の出前に朝食を食べました。

▷ Are you **interested**?
興味はありますか。

▶ **Here are** some pictures of Mt. Fuji.
ここに富士山の写真が何枚かあります。

▶ Students don't know the **details** of the school trip.
生徒は修学旅行の詳細を知りません。

▶ Do you know the details of the four **trails** on Mt. Fuji?
富士山の４つの登山道の詳細を知っていますか。

climber(s)	[kláimə*r* ク**ら**イマ]	名	登山者
bus	[bʌ́s **バ**ス]	名	バス
then	[ðén **ぜ**ン]	副	それから，その次に
go up			のぼる，上がる
on	[án **ア**ン]	前	**【手段】**…で，…によって
foot	[fút **ふ**ット]	名	足
on foot			徒歩で
take	[téik **テ**イク]	動	…を選ぶ，…を買う
Thanks for			…をありがとう。
information	[ìnfə*r*méiʃn インふォ**メ**イシャン]	名	情報
crowd(s)	[kráud ク**ラ**ウド]	名	群集，人ごみ
tired	[táiə*r*d **タ**イアド]	形	疲れた

▷ **Climbers** usually go to the fifth stations by bus.
登山者はふつうバスで五合目まで行きます。

▶ I went to Osaka, **then** Kyoto.
私は大阪に行き，その次に京都に行きました。

▶ You can **go up** the mountain by car.
あなたは車でその山にのぼることができます。

▶ I watched the game **on** TV.
私はその試合をテレビで見ました。

▶ Do you go to the station **on foot** or by bike?
駅まで歩いていきますか，それとも自転車で行きますか。

▷ Which trail do you want to **take**?
どの登山道を選びたいですか。

▶ **Thanks for** the delicious dinner.
とてもおいしい夕食をありがとう。

▶ You can get a lot of **information** here.
あなたはここで多くの情報を得ることができます。

▶ A **crowd** was listening to his speech.
群集が彼の演説を聞いていました。

▶ I'm **tired**. Let's have a break.
疲れました。休憩しましょう。

easily 副 簡単に，楽に，すぐに
[í:zili **イ**ーズィり]

choose 動 …を選ぶ
[tʃú:z **チュ**ーズ]

probably 副 十中八九，たぶん
[prábəbli プ**ラ**バブり]

visit 名 訪問，見物
[vízit **ヴィ**ズィット]

anyway 副 とにかく
[éniwèi **エ**ニウェイ]

年中行事 ハロウィーンのいたずら？

目，鼻，口がくり抜かれた大きなオレンジ色のかぼちゃ。最近では日本でも10月になると，街角で見かけるようになったね。かぼちゃの中にろうそくをともして玄関や窓ぎわに飾る，このかぼちゃちょうちんは，jack-o’-lantern[**ヂぁ**カらぁンタン]と呼ばれているんだよ。

Halloween[ハぁろウ**イ**ーン]は，亡き聖人たちを祭る祝日であるAll Saints’ Day[**オ**ーる **セ**インツ デイ]すなわち「万聖節《ばんせいせつ》」の前夜祭で，10月31日の夜に行われる。もとは古代ケルト民族の宗教的行事で，秋の収穫を感謝し，悪霊を追いはらうお祭りだったのが，のちにアイルランドからの移民によってアメリカに伝えられたんだ。

ハロウィーンの夜になると，子供たちは思い思いの仮装をこらし

▶ You can win the game **easily**.
あなたは簡単に試合に勝てます。

▶ Let's **choose** a nice present for him.
彼にいいプレゼントを選ぼう。

▷ It's **probably** not so crowded.
たぶんそれほど混んでいないでしょう。

▷ **Anyway**, I'm looking forward to your visit!
とにかく，私はあなたの訪問を楽しみにしています。

て，近所の家を訪ねてまわる。Trick or Treat!［トゥ**リ**ック オーア トゥ**リ**ート］（お菓子をくれないといたずらするぞ！）と言ってね。
　日本でも若者たちが仮装を楽しむようになってきたね。

Unit 10 Winter Vacation

扉

vacation
[veikéiʃn　ヴェイ**ケ**イシャン]
名　休暇，休み

Story ①

travel(ed)
[trǽvl　トゥ**ラぁ**ヴる]
動　旅行する

London
[lʌ́ndən　**ら**ンダン]
名　ロンドン

stay
[stéi　ス**テ**イ]
動　とどまる，いる

British Museum
[brítiʃ mju:zíəm　ブ**リ**ティッシ ミュー**ズィ**アム]
名　the British Museum 大英博物館

around
[əráund　ア**ラ**ウンド]
前　…のあちこちに[で，を]

full
[fúl　**ふ**る]
形　いっぱいの，満腹の

be full of
…でいっぱいである

thing(s)
[θíŋ　**すィ**ング]
名　もの，こと

musical
[mjú:zikl　**ミュ**ーズィクる]
名　ミュージカル

教科書p.101

教科書p.103

▶ We **traveled** to many countries.
私たちは多くの国へ旅行しました。

▶ I need to leave **London** in the evening.
私は夕方にロンドンを発たねばなりません。

▶ He **stayed** home for ten days.
彼は10日間家にいました。

▷ We visited the **British Museum**.
私たちは大英博物館を訪ねました。

▷ We looked **around** the museum for three hours.
私たちは３時間，博物館のあちこちを見てまわりました。

▶ The stadium **was full of** people.
スタジアムは人でいっぱいでした。

▶ We saw many interesting **things**.
私たちはたくさんのおもしろいものを見ました。

▷ In the evening, we watched a **musical**.
夕方，私たちはミュージカルを見ました。

theater
[θíːtər　**すィ**ーアタ]
名　劇場，映画館

actor
[ǽktər　**あ**クタ]
名　(女性を含む)俳優

leading
[líːdiŋ　**り**ーディング]
形　主要な

part
[pάːrt　**パ**ート]
名　(芝居などの)役，(仕事の)役目

performance
[pərfɔ́ːrməns　パ**ふォ**ーマンス]
名　演技，演奏，公演

last
[lǽst　**らぁ**スト]
形　この前の，昨…，先…

the Olympics
[ði əlímpiks　ずィ オ**り**ンピックス]
名　国際オリンピック競技大会

Story ②

spend
[spénd　ス**ペ**ンド]
動　(時)を過ごす

spent
[spént　ス**ペ**ント]
動　[spendの過去形]

night
[náit　**ナ**イト]
名　夜，晩

tower
[táuər　**タ**ウア]
名　塔，タワー

▶ I want to go to the **theater** with my friend.
私は友達といっしょに劇場に行きたい。

▶ I saw a famous **actor** at the restaurant.
私はレストランで有名な俳優を見ました。

▶ He plays the **leading** role in the movie.
彼はその映画で主役を演じています。

▶ What **part** do you play in the drama?
あなたはその劇でどんな役を演じていますか。

▷ We enjoyed the **performance** very much.
私たちはその公演をとても楽しみました。

▶ I went to the library **last** Sunday.
私はこの前の日曜日に図書館へ行きました。

▶ We enjoyed watching **the Olympics** on TV.
私たちはテレビでオリンピックを見て楽しみました。

教科書p.104

▶ I **spent** my summer vacation in Kyoto.
私は京都で夏休みを過ごしました。

□□□ **Big Ben**
[bíg bén　**ビ**ッグ **ベ**ン]
㊔　ビッグベン

□□□ **take**
[téik　**テ**イク]
動　(乗り物など)に乗る，…を利用する

took [túk **トゥ**ック]	動 [takeの過去形]
Tube [tjúːb **テュ**ーブ]	名 ロンドンの地下鉄
Westminster [wéstmìnstər **ウェ**ストミンスタ]	名 ウエストミンスター
fish and chips [fíʃ ən tʃíps **ふィ**ッシ アン **チ**ップス]	名 フィッシュ・アンド・チップス
around [əráund ア**ラ**ウンド]	副 あちこち，めぐって
came [kéim **ケ**イム]	動 [comeの過去形]
stand [stǽnd ス**タぁ**ンド]	動 立つ，立っている
stood [stúd ス**トゥ**ッド]	動 [standの過去形]
count(ed) [káunt **カ**ウント]	動 (…を)数える
count down	秒読みする
midnight [mídnàit **ミ**ッドナイト]	名 夜の12時，真夜中
said [séd **セ**ッド]	動 [sayの過去形]

▶ She **took** a train to the hospital.
彼女は病院まで電車に乗りました。

□□□ **subway** 名 地下鉄
[sʌ́bwèi　**サ**ブウェイ]

▶ Where is **Westminster** Station?
ウェストミンスター駅はどこですか。

▶ Let's eat **fish and chips**.
フィッシュ・アンド・チップスを食べよう。

▷ We ate fish and chips, and walked **around**.
私たちはフィッシュ・アンド・チップスを食べて，あちこち歩きました。

▶ My brother **came** home from school.
弟が学校から家に帰ってきました。

▷ Many people **stood** near the clock tower.
多くの人が時計台の近くに立っていました。

▶ The child can now **count** to ten.
その子は今10まで数えることができます。

▷ We all **counted down** to the New Year together.
私たちは皆いっしょに新年への秒読みをしました。

▷ At **midnight**, we saw some great fireworks.
夜の12時に，私たちはすばらしい花火を見ました。

▶ My teacher **said**, "Study hard."
私の先生は「一生懸命に勉強しなさい」と言いました。

each
[í:tʃ **イ**ーチ]
[形] それぞれの，各自の

each other
たがい(に)

feel
[fí:l **ふィ**ーる]
[動] …と感じる，気持ちがする

felt
[félt **ふェ**るト]
[動] [feelの過去形]

Mini Activity

brush
[brʌ́ʃ ブ**ラ**ッシ]
[動] …をみがく

Story ③

did
[díd **ディ**ッド]
[助動] [doの過去形]

New Year's Day
[njú: jìərz déi **ニュ**ー イヤズ **デ**イ]
[名] 元日

up
[ʌ́p **ア**ップ]
[副] 起立して，起きて

get up
起きる，起床する

early
[ə́:rli **ア**〜り]
[副] 早く

▶ They looked at **each other**.
彼らはおたがいの顔を見ました。

▶ I **felt** so happy at my birthday party.
私は誕生日パーティーでとても楽しく感じました。

教科書p.105

▶ I **brush** my teeth every morning and night.
私は毎朝，毎晩歯をみがきます。

教科書p.106

▷ What **did** you do on New Year's Day?
あなたは元日に何をしましたか。

□□□ **got** ［gát **ガ**ット］ 動 ［getの過去形］

▶ Stand **up**!
起立。

▶ My mother **got up** early this morning.
私の母は今朝早く起きました。

traditional
[trədíʃənl　トゥラ**ディ**ショヌる]
形　伝統的な

parent(s)
[péərənt　**ペ**(ア)レント]
名　親，[parentsで]両親

didn't
[dídnt　**ディ**ドゥント]
= did not

made
[méid　**メ**イド]
動　[makeの過去形]

some
[sʌ́m　**サ**ム；(弱く言うとき)səm　サム]
代　いくらか，多少，少し，数人

brought
[brɔ́ːt　ブ**ロ**ート]
動　[bringの過去形]

nothing
[nʌ́θiŋ　**ナ**すィング]
代　何も…ない

special
[spéʃl　ス**ペ**シャる]
形　特別の

anywhere
[éni*h*wèə*r*　**エ**ニ(ホ)ウェア]
副　[否定文で]どこにも(…ない)

relax(ed)
[rilǽks　リ**らぁ**ックス]
動　くつろぐ

at home
家で[に]

New Year's Eve
[njúː jìə*r*z íːv　**ニュ**ー イヤズ **イ**ーヴ]
名　大みそか

▶ *Gagaku* is our **traditional** music.
雅楽は私たちの伝統的な音楽です。

▶ My **parents** like music very much.
私の両親は音楽がとても好きです。

▶ We **didn't** travel this winter.
私たちはこの冬，旅をしませんでした。

▶ My mother **made** curry for us.
母が私たちにカレーを作ってくれました。

▶ **Some** say he is brave.
数人が，彼は勇かんだと言います。

▶ Kaito's mother **brought** New Year's food to us.
カイトのお母さんが私たちにおせち料理を持ってきてくれました。

▶ What did you do yesterday? — **Nothing** special.
昨日何をしましたか。—特に何もしませんでした。

▶ He is my **special** friend.
彼は私の特別な友達です。

▷ We didn't go **anywhere**.
私たちはどこにも行きませんでした。

▶ We cannot **relax** this weekend.
私たちは今週末はくつろげません。

▶ I practice the guitar **at home**.
私は家でギターを練習します。

Let's Write ②

●旅先からの便り ——絵はがき——

- **grandma** 名 おばあちゃん
  [grǽnmɑ̀ː グ**ラぁ**ンマー]

- **am** 動 (…に)いる，ある
  [ǽm **あ**ム；(弱く言うとき)m ム]

- **time** 名 …回，…度
  [táim **タ**イム]

- **for the first time** はじめて

- **fall** 動 転ぶ，倒れる
  [fɔ́ːl **ふォ**ーる]

- **fell** 動 [fallの過去形]
  [fél **ふェ**る]

- **fall down** 倒れる

- **hotel** 名 ホテル，旅館
  [houtél ホウ**テ**る]

- **snow(ing)** 動 [itを主語にして]雪が降る
  [snóu ス**ノ**ウ]

- **a lot** [a lotまたはlotsで]たいへん，とても

- **outside** 副 外で[に，へ]
  [àutsáid アウト**サ**イド，áutsàid **ア**ウトサイド]

教科書p.108

▷ Dear **Grandma,**
おばあちゃんへ,

▶ I **am** in the music room.
私は音楽室にいます。

▶ I saw a panda **for the first time.**
私は初めてパンダを見ました。

▶ He **fell** from the horse.
彼はウマから落ちました。

▷ I **fell down** many times!
私は何回も倒れました。

▶ I am in a **hotel** in London with my family.
私は家族といっしょにロンドンのホテルにいます。

▶ Look. It's **snowing** again.
見て。また雪が降っている。

▶ We practiced **a lot** before the game.
私たちはその試合前はとても練習しました。

▶ It's cold **outside** today.
今日は外は寒いよ。

□□□ **miss** [mís　**ミ**ス]	動 …がいないのをさびしく思う
□□□ **care** [kéər　**ケ**ア]	名 世話
□□□ take care of yourself	体に気をつける
□□□ Love, [lʌ́v　**ら**ヴ]	名 [手紙などの結びの言葉]

会話のヒント　takeはいろいろ使える！

takeには「(科目などを)履修する」とか「(写真)をとる」の意味があったね。

takeは「取る」というのが基本の意味なんだけど，「…を持っていく，連れていく」「…を選ぶ，買う」「(乗り物)に乗る」「(お風呂)に入る」「(薬など)をのむ」など，いろんな場面で大活躍する語なんだ。ふだんの動作を表す，次のような表現でよく使われるよ。

Let's take a bus to the park.
(バスに乗って公園へ行こう)

I take a walk in the park with my dog every day.
(わたしは毎日イヌを連れて公園を散歩するのよ)

I take a shower[**シャ**ウア] after dinner.
(ぼくは夕食のあとにシャワーをあびるんだ)

▶ I **miss** you every day.
あなたがいないのを毎日さびしく思います。

▶ **Take care of yourself**, Josh.
体に気をつけてね，ジョシュ。

▷ **Love,** Meg.
メグより。

Take medicine[メディスン] now.
(今，薬をのみなさい)
また，Take your time. と言うと，「急がなくていいよ」「じっくりやってください」という意味になるんだ。takeを使った言い方を，いつでも使えるように覚えておこう。Take your time!

Unit 11 This Year's Memories

扉

memory, memories ［名］ 思い出
［méməri　**メ**モリ］

entrance ceremony ［名］ 入学式
［éntrəns sèrəməni　**エ**ントゥランス セレマニ］

Story ①

at first　最初は，はじめのうちは

rookie(s) ［名］ ルーキー，新人
［rúki　**ル**キ］

against ［前］ …に対抗して，反対して
［əgénst　ア**ゲ**ンスト］

another ［形］ ほかの，別の，ちがった
［ənʌ́ðə*r*　ア**ナ**ざ］

were ［動助］［areの過去形］
［wə́ː*r*　**ワ**～；(弱く言うとき)wə*r*　ワ］

wasn't　= was not
［wʌ́znt　**ワ**ズント］

weren't　= were not
［wə́ː*r*nt　**ワ**～ント］

half ［名］ 半分，2分の1
［hǽf　**ハぁ**ふ］

教科書p.109

□□□ **event**
[ivént　イ**ヴェ**ント]

㊔　出来事，行事

□□□ **contest**
[kántest　**カ**ンテスト]

㊔　コンテスト，コンクール

教科書p.111

▷ **At first**, I was really tired after practice.
はじめのうちは，私は練習のあと本当に疲れました。

▷ In January, We had a **rookies'** game.
１月に，私たちは新人戦を行いました。

▶ I'm **against** his idea.
私は彼の考えに反対です。

▶ I was nervous in the game against **another** school.
他校との試合では，私は緊張しました。

▷ We **were** all sad.
私たちはみんな悲しみました。

▶ Was it cloudy yesterday? — No, it **wasn't**.
昨日はくもっていましたか。—いいえ，くもっていませんでした。

▶ You **weren't** a starter in the last game.
あなたは最終戦の先発メンバーではありませんでした。

▶ The first **half** of the book was fun.
その本の前半は楽しかった。

□□□ **to** ［tú: **トゥ**ー；(弱く言うとき)(子音の前で)tə タ；(母音の前で)tu トゥ］

前 【比較・対照】…に対して，…よりも

□□□ **lost** ［lɔ́:st **ろ**ースト］

動 ［loseの過去形］

Story ②

□□□ **lake** ［léik **れ**イク］

名 湖，湖水

□□□ **on** ［ɑ́n **ア**ン］

前 【目的】…の目的で

□□□ **foot** ［fút **ふ**ット］

名 (山の)ふもと

□□□ **campground** ［kǽmpgràund **キぁ**ンプグラウンド］

名 キャンプ場

□□□ **shower(s)** ［ʃáuər **シャ**ウア］

名 シャワー

□□□ **outdoor** ［áutdɔ̀:r **ア**ウトドーア］

形 屋外の，野外の

□□□ **kitchen(s)** ［kítʃən **キ**チン］

名 台所，調理場

□□□ **there is [are]**

…がある［いる］

□□□ **set** ［sét **セ**ット］

動 …を準備する

□ **lose** 動 負ける
□ [lú:z **る**ーズ]
□

▶ Our team **lost** the game 2 to 1.
私たちのチームは２対１で試合に負けました。

教科書p.112

▷ We went to Lake Sakura **on** our school camping trip.
私たちは学校のキャンプ旅行でサクラ湖に行きました。

▷ Lake Sakura is at the **foot** of Mt. Asahi.
サクラ湖はアサヒ山のふもとにあります。

▶ We spent a week at the **campground**.
私たちはキャンプ場で１週間過ごしました。

▶ I take a **shower** in the morning.
私は朝シャワーを浴びます。

▶ Many people enjoy **outdoor** sports on the mountain.
多くの人がその山で野外スポーツを楽しみます。

▶ My father is cooking dinner in the **kitchen**.
父は台所で夕食を作っています。

▷ **There are** showers and outdoor kitchens, too.
シャワーと屋外調理場もあります。

▶ Can you **set** the table?
テーブルの準備をしてもらえますか。

set [sét **セ**ット]	動	[setの過去形]
set up		…を建てる，立ち上げる
trash [træʃ トゥ**ラぁ**ッシ]	名	ごみ，くず
pick(ed) [pík **ピ**ック]	動	…をつむ，もぐ
pick ... up		…を拾い上げる，車で迎えに行く
Good job.		よくやった。
there's [ðeə*r*z **ゼ**アズ；(弱く言うとき)ðə*r*z ざズ]		= there is
isn't [íznt **イ**ズント]		= is not
aren't [ɑ́ː*r*nt **ア**ーント]		= are not
convenience store [kənvíːnjəns stɔ̀ː*r* コン**ヴィ**ーニャンスストーア]	名	コンビニエンスストア

□□□ **tent(s)** [tént テント] 名 テント

▷ We **set up** tents and stayed for two nights.
私たちはテントを張って２泊しました。

▶ Please buy some **trash** bags.
ごみ袋を買ってください。

▶ Don't **pick** flowers here.
ここで花をつまないでください。

▶ I **picked** him **up** at his house.
私は車で彼の家まで迎えに行きました。

▶ **Good job,** Josh.
よくやった，ジョシュ。

▶ **There's** a hospital near the park.
公園の近くに病院があります。

▶ Is there a bookstore near her house? — No, there **isn't**.
彼女の家の近くに書店はありますか。―いいえ，ありません。

▶ Are there many trees around the pond? — No, there **aren't**.
池のまわりにたくさんの木がありますか。―いいえ，ありません。

Mini Activity

supermarket 名 スーパーマーケット
[sú:pərmὰ:rkit **ス**ーパマーケット]

Story ③

show 動 …を見せる，示す
[ʃóu **ショ**ウ]

album 名 アルバム
[ǽlbəm **あ**るバム]

photo 名 写真[photographを短縮した語]
[fóutou **ふォ**ウトウ]

these 形 これらの
[ðí:z **ずィ**ーズ]

bring 動 …をもたらす
[bríŋ ブ**リ**ング]

back 副 戻って，返して
[bǽk **バぁ**ック]

bring back …を思い出させる

I know. (同意を表して)そうだね。

beat(ing) 動 どきどきする
[bí:t **ビ**ート]

教科書p.113

□□□ **fire station** 名 消防署
[fáiər stèiʃn ふぁイア ステイシャン]

教科書p.114

▷ I wanted to **show** this to you.
私はこれをあなたに見せたかった。

▷ I made a **photo** album for this year.
私は今年の写真用アルバムをつくりました。

▶ Are **these** books interesting?
これらの本はおもしろいですか。

▶ The river **brings** water to a lot of people.
その川は多くの人々に水をもたらします。

▶ He went **back** to Japan last year.
昨年，彼は日本に戻りました。

▶ This place **brings back** a lot of memories.
この場所はたくさんの記憶を思い出させます。

□□□ **heart** 名 心臓，ハート形(のもの)
[há:rt ハート]

▷ My heart was **beating** fast.
私の心臓はどきどきと速くなっていました。

on my way (to)　(…へ行く)途中で

Unit Activity

snowy [snóui ス**ノ**ウイ]　形　雪の降る

Let's Talk ④
●レストラン ――注文する――

server [sə́ːrvər **サ**〜ヴァ]　名　給仕，ウェイター

would [wúd **ウ**ッド；(弱く言うとき)wəd ウド，d ドゥ]　助　【勧誘・意向・願望・好み】

would like　…がほしい(のですが)

I'd [áid **ア**イド]　= I would

corn [kɔ́ːrn **コ**ーン]　名　トウモロコシ

steak [stéik ス**テ**イク]　名　ステーキ

pleasure [pléʒər プ**レ**ジャ]　名　楽しみ，喜び

My pleasure.　どういたしまして。

▶ I am **on my way to** the aquarium.
私は水族館へ行くところです。

教科書p.115

▶ It was **snowy** outside.
外は雪が降っていました。

教科書p.116

▶ He works as a **server**.
彼は給仕として働いている。

▷ What **would** you **like**? − I **would like** salad.
何になさいますか。−サラダをください。

▶ **I'd** like to visit London.
私はロンドンを訪ねてみたいです。

▶ I want to eat a **steak** for dinner.
私は夕食にステーキを食べたいです。

▷ Thank you. − **My pleasure.**
ありがとう。−どういたしまして。

□□□ **would like to ...** …したい(のですが)

□□□ **bread** [bréd ブ**レ**ッド] 名 パン

Stage Activity

③My Favorite Event This Year

□□□ **chorus** [kɔ́:rəs **コ**ーラス] 名 合唱

□□□ **field trip** [fí:ld trìp **ふィ**ーるド トゥリップ] 名 遠足，校外見学

□□□ **relay** [rí:lei **リ**ーれイ] 名 リレー競走

□□□ **runner** [rʌ́nə*r* **ラ**ナ] 名 走者

□□□ **just** [dʒʌ́st **ヂャ**スト；(弱く言うとき)dʒəst ヂャスト] 副 ちょうど，まさに

□□□ **behind** [biháind ビ**ハ**インド] 前 …の後ろに

□□□ **win** [wín **ウィ**ン] 動 …を勝ち取る，獲得する

□□□ **won** [wʌ́n **ワ**ン] 動 [winの過去形]

▶ I **would like to** see my grandmother.
私は祖母に会いたいです。

教科書p.120 ～ p.121

▶ My favorite event this year was a **chorus** contest.
今年，私のいちばん好きな行事は合唱コンクールでした。

□□□ ran ［rǽn　ラぁン］ 動　［runの過去形］

▷ I can run fast, so I ran in the **relay**.
私は速く走れるので，私はリレー競走で走りました。

▶ She is a good **runner**.
彼女は優秀な走者だ。

▶ It's **just** nine o'clock now.
今ちょうど９時です。

▶ My house is just **behind** the post office.
私の家は郵便局のすぐ裏です。

▷ Our team **won** first place.
私たちのチームが優勝しました。

Let's Read ②
City Lights

City Lights [síti láits　スィティ らイツ]	名	「街の灯」【映画名】
poor [púə*r*　プア]	形	貧しい，かわいそうな
lonely [lóunli　ろウンり]	形	ひとりぼっちの，さびしい
one [wʌ́n　ワン]	形	[時を表す名詞の前に用いて]ある…
one day		ある日
blind [bláind　ブらインド]	形	目の不自由な
sell(ing) [sél　セる]	動	…を売る
flower(s) [fláuə*r*　ふらウア]	名	花
suddenly [sʌ́dnli　サドゥンり]	副	突然，急に
drop(ped) [dráp　ドゥラップ]	動	…を落とす
bought [bɔ́:t　ボート]	動	[buyの過去形]

教科書p.124 ～ p.126

□□□ **Charlie** 　㊔ チャーリー［男性名］

[tʃáː*r*li　**チャ**ーり]

▶ Oh, **poor** Charlie.
ああ，かわいそうなチャーリー。

▶ She was a **lonely** girl.
彼女はひとりぼっちの女の子でした。

▷ **One day**, he saw a girl on the street.
ある日，彼は通りで少女を見ました。

▶ The man was **blind**.
その男性は目が不自由でした。

▶ She is **selling** apples.
彼女はリンゴを売っています。

▶ **Suddenly** he visited me.
突然，彼は私を訪ねてきました。

▶ Did you **drop** your eraser again?
あなたはまた消しゴムを落としたの。

▶ I **bought** a TV yesterday.
私は昨日テレビを買いました。

□□□ **word**
[wə́ːrd **ワ**～ド]
名 語，単語，言葉

□□□ **away**
[əwéi ア**ウェ**イ]
副 はなれて，去って

□□□ **could**
[kúd **ク**ッド，kəd クド]
助 [canの過去形]

□□□ **thought**
[θɔ́ːt **ソ**ート]
動 [thinkの過去形]

□□□ **rich**
[rítʃ **リ**ッチ]
形 金持ちの，裕福な

□□□ **become**
[bikʌ́m ビ**カ**ム]
動 …になる

□□□ **became**
[bikéim ビ**ケ**イム]
動 [becomeの過去形]

□□□ **important**
[impɔ́ːrtnt イン**ポ**ータント]
形 重要な，大切な

□□□ **met**
[mét **メ**ット]
動 [meetの過去形]

□□□ **told**
[tóuld **ト**ウるド]
動 [tell の過去形]

□□□ **give**
[gív **ギ**ヴ]
動 (～に)…を与える，渡す，もたらす

□□□ **gave**
[géiv **ゲ**イヴ]
動 [giveの過去形]

▶ Her birthday is still one month **away**.
彼女の誕生日はまだ１か月先です。

▷ The girl **could** not see Charlie.
少女はチャーリーを見ることができませんでした。

▶ I **thought** he was nice.
私は，彼はいい人だと思いました。

▶ Her grandfather is a **rich** person.
彼女の祖父は金持ちの男性だ。

▶ Japanese food **became** popular in America.
日本料理がアメリカで人気になりました。

▶ Money is **important** to me.
お金は私にとって重要です。

▶ I **met** Meg at the party.
私はそのパーティーでメグと知り合いになりました。

▶ She **told** me about Takuya.
彼女はタクヤについて私に話してくれました。

▶ He **gave** this book to me.
彼は私にこの本をくれました。

thousand	[θáuznd **さ**ウザンド]	名形 1,000(の)
dollar(s)	[dálə*r* **ダ**ら]	名 ドル
surgery	[sə́ː*r*dʒəri **サ**～ヂャリ]	名 (外科)手術
eye(s)	[ái **ア**イ]	名 目，視力
stole	[stóul ス**ト**ウる]	動 [stealの過去形]
forgetful	[fə*r*gétfl ふォ**ゲ**ットふる]	形 忘れっぽい
anything	[éniθìŋ **エ**ニすィング]	代 [否定文で]何も(…ない)
put	[pút **プ**ット]	動 …を置く，入れる，つける
put	[pút **プ**ット]	動 [putの過去形]
jail	[dʒéil **ヂェ**イる]	名 刑務所
several	[sévrəl **セ**ヴラる]	形 いくつかの
out	[áut **ア**ウト]	副 外へ[に]，外出して

▶ Two **thousand** people live near the mountain.
その山のそばに2,000人の人々が住んでいます。

▶ I need twenty **dollars** now.
私は今20ドルが必要です。

▷ Here. Get **surgery** for your eyes.
さあ。目の手術を受けなさい。

□□□ **steal**　　動　…を盗む
[stíːl　ス**ティ**ーる]

▷ Charlie **stole** the rich man's money.
チャーリーは裕福な男性のお金を盗みました。

▷ The rich man was **forgetful**.
その金持ちの男は忘れっぽかった。

▶ She did not say **anything**.
彼女は何も言いませんでした。

▷ The police **put** Charlie in jail.
警察はチャーリーを刑務所に入れました。

▶ We went to the shrine **several** times.
私たちはその神社に数回行きました。

▶ My father is **out** now.
私の父は今外出しています。

get out of		…から出る
again [əgén　ア**ゲ**ン]	副	もう一度，再び，また
thanks to		…のおかげで
pass [pǽs　**パ**ぁス]	動	(…を)通り過ぎる
without [wiðáut　ウィず**ア**ウト]	前	…なしで[に]
any [éni　**エ**ニ；(弱く言うとき)əni　エニ]	形	[否定文などで]少しの…も(～ない)，何も[だれも](～ない)
touch(ed) [tʌ́tʃ　**タ**ッチ]	動	…にさわる，ふれる
remember(ed) [rimémbər　リ**メ**ンバ]	動	(…を)思い出す
ask(ed) [ǽsk　**あ**スク]	動	(…を[に])たずねる，質問する
smile(d) [smáil　ス**マ**イる]	動	ほほえむ，微笑する
nod(ded) [nád　**ナ**ッド]	動	うなずく

▷ Charlie **got out of** jail.
チャーリーは刑務所から出ました。

▷ He saw the girl on the street **again**.
彼はまた路上でその少女を見ました。

▷ Now she could see **thanks to** Charlie.
チャーリーのおかげで，今では彼女は見ることができました。

▷ He tried to **pass** the girl.
彼は少女の前を通り過ぎようとしました。

▶ I can't live **without** friends.
私は友達なしで生きることはできません。

□□□ **face** ㊔ 顔
[féis **ふェ**イス]

▶ Don't **touch** that.
それにさわらないで。

▶ Oh, I **remember**.
ああ，思い出した。

▶ Bob **asked**, "What's wrong?"
「どうかしたのですか」とボブはたずねました。

▶ He **smiled** and said, "Bye."
彼はほほえんで「さよなら」と言いました。

▶ She **nodded** again.
彼女はもう一度うなずきました。

豆マメ知識　使えない!?　和製英語

書店で本を買うと，よくブックカバーをかけてくれるよね。そのお店の名前の入ったものや，きれいなデザインのものなどいろいろだ。ところで「ブックカバー」っていうのは，和製英語だって知ってる？　英語でbook cover[**ブ**ック カヴァ]と言うと，「本の表紙」をさすことになるんだよ。

で，「ブックカバー」と英語で言いたいときは？　正解は，book jacket[**ブ**ック ヂぁケット]だよ。本に着せる「ジャケット」なんだね。ほかにも，「汚れ(dust)をつけないようにするカバー」という意味で，dust jacket[**ダ**スト ヂぁケット]という言い方もあるよ。

では，身近な文房具では，「シャーペン」は？　mechanical pencil[メ**キぁ**ニクる　ペンスる]と言うんだ。mechanicalは「機械の」という意味だよ。もしもsharp pencilなどと言ってしまったら，「とがったえんぴつ」と誤解されちゃうよ。sharp[**シャ**ープ]は「とがった」っていう意味だからね。

「ホッチキス」は？　stapler[ス**テ**イプら]と言う。これを考え出したのが，Hotchkissという名の人で，日本語の「ホッチキス」はここからきているというわけ。

カタカナ語を英語にするときには，ちょっと気をつけよう。